Lehrer haben es schwer(er)

Ein Schulleiter gibt den Blick hinter die Kulissen des Schulalltags frei und zudem gute Tipps für Schulleitungen und Lehrkräfte

Impressum

Wurzer, Peter, <u>Lehrer haben es schwer(er) …</u>

ISBN: 9783756896899

© Peter Wurzer, 2023

Herstellung und Verlag:

BoD – Books on Demand, Norderstedt

Für das Korrekturlesen und wertvolle Tipps bedanke ich mich

ganz herzlich bei meiner Frau Traudi

Inhalt

VORWORT   1

DER ERSTE SCHULTAG   4

DIE LETZTE „ERSTE LEHRERKONFERENZ" IM SCHULJAHR   9

DIE HAND DER FATIMA ...   15

AUFGABEN DES SCHULLEITERS   18

STELLUNG DER SCHULLEITERIN ODER DES SCHULLEITERS   18
ANWESENHEIT DER SCHULLEITERIN ODER DES SCHULLEITERS   20
EINZELNE AUFGABEN DER SCHULLEITERIN ODER DES SCHULLEITERS   22
ERWEITERTE SCHULLEITUNG   27

LEHRER HABEN ES SCHWER(ER)   31

DAS SYSTEM DER PERMANENTEN ÜBERFORDERUNG   31

PERIODISCHE BEURTEILUNG   38

PRAKTISCHE TIPPS FÜR DIE ZU BEURTEILENDEN   42

WAS MIR ALS SCHULLEITER WICHTIG IST   44

DAS MAGISCHE VIERECK DER SCHULLEITUNG ODER DIE 4 K`S   45
A) KONZIPIEREN   45
B) KOOPERIEREN   45
C) KOORDINIEREN   46
D) KOMMUNIZIEREN   47
AUßENWIRKUNG DER SCHULE   47

WIE BEKOMME ICH EINE INSTITUTION / SCHULE SCHNELL 'IN DEN GRIFF'?   49

EXKURS: IM ZUG NACH ALEXANDRIEN ODER WIE ICH EINEN SCHULLEITERKOLLEGEN BEOBACHTETE   54

DIE STÄNDIGEN STELLVERTRETER DER SCHULLEITUNG   55

CHARAKTERE UND TYPEN   62

INTRIGEN UND ANDERE UNSCHÖNE DINGE   69

UND NOCH EINMAL INTRIGANTES ...   76

INTERVIEW MIT EINEM SCHULLEITER EINER DEUTSCHEN AUSLANDSSCHULE: „HIER WERDEN LEBENSCHANCEN VERTEILT"   85

WIE MAN STRESS VERMEIDET   100

WAS GUTEN UNTERRICHT AUSMACHT   105

A) UNTERSTUFE   111
1) BUCHSTABEN-BINGO   111
2) SCHIFF IM NEBEL   113
B) MITTELSTUFE   114
1) WORTERKLÄRUNGEN   114
2) EINE GANZ ANDERE GESCHICHTE   115
C) OBERSTUFE   116
1) AUKTION   116
2) BILDER IN WORTE   117

SCHÜLERAUSTAUSCH ZUM ERSTEN ...   121

SCHÜLERAUSTAUSCH ZUM ZWEITEN ... 125

DER GRIECHE ODER ELTERN HABEN IMMER RECHT 128

SCHULE ALS TOURISTISCHES ZIEL 133

EXKURS: COLLOQUIUM 137

PROBLEME LÖSEN 138

SCHULAUSSCHLUSS 140

FEEDBACK-KULTUR: WARUM ES WICHTIG IST, DASS SICH LEHRKRÄFTE AUCH VON SCHÜLERN BEURTEILEN LASSEN 146

EXTERNE EVALUATION / SCHULINSPEKTION 151

ERGEBNISSE DER FRAGEBOGENAKTION IM RAHMEN DER EXTERNEN EVALUATION (AUSSCHNITTE) 152
ELTERN 152
KRITISCH 152
POSITIV 153
SCHÜLER 154
KRITISCH 154
POSITIV 154
LEHRER 155
KRITISCH 155
POSITIV 155

HAUSPOSTILLE 160

HANDYS AN SCHULEN 160
DÜRFEN LEHRER DEN SCHÜLERN DAS HANDY WEGNEHMEN? 160

Wann darf doch telefoniert werden? 161

Dürfen Lehrer die Handys auf Gewaltvideos durchsuchen? 161

Knigge für Kollegen/innen **162**

Lesetipp: Rhetorik **163**

Lehrerinnen und Lehrer = Führungskräfte **165**

FLASHBACK – SZENEN AUS 38 JAHREN SCHULLEBEN 167

Englischunterricht 11. Klasse **167**

Klassenfahrt 10. Jahrgangsstufe nach Hamburg ... **168**

Klassenreise 11. Klasse nach London ... **168**

Kollege Kunsterzieher **169**

Politisch nicht korrekte Bemerkung **170**

Referendariat **172**

Elternbeschwerde **173**

Kaugummi **174**

Abitur nach acht oder neun Jahren **176**

Abiturscherz **183**

Aprilscherz **185**

SCHULE UND DIGITALISIERUNG 189

NACHWORT 193

GEDANKE ZUM SCHLUSS 196

Vorwort

Eine Freundin hat mir ihre Erinnerungen an die Schul- und Jugendzeit, die sie veröffentlichen möchte, zum Korrekturlesen geschickt. Diese Freundin war einmal meine Chefin an einer deutschen Auslandsschule im Norden Europas, bevor ich selbst Schulleiter an einer renommierten deutschen Auslandsschule im Nahen Osten und zuletzt an zwei Gymnasien in Deutschland wurde. Ihre geradlinige, verständnisvolle und doch sehr konsequente Art, eine Schule zu führen, hat mir imponiert. Vielleicht war sie sogar „der beste Chef, den ich hatte".

Ihre Aufzeichnungen haben mich im wahrsten Sinnes des Wortes bewegt, so dass ich mich jetzt selbst dazu entschlossen habe, mein langjähriges Wirken in der Schulleitung zu reflektieren und ein paar Dinge aufzuschreiben, die für viele Leser, Schüler, Eltern und Kollegen gleichermaßen interessant sein könnten.

Ich werde über Hintergründiges, Erschütterndes, aber auch Lustiges und hoffentlich Lehrreiches berichten und hoffe, dass meine Leser/innen dabei ihre Freude haben und / oder für sich selbst etwas mitnehmen können.

Meine Betrachtungsweise ist sehr subjektiv, d. h. ich schildere das, was mir berichtet wurde bzw. das, was ich selbst erlebt habe, aus meiner ganz und gar persönlichen Sichtweise. Andere Beteiligte würden aus ihrer Sicht womöglich völlig andere Schlüsse ziehen, zu anderen Ergebnissen kommen. Was ich schreibe, erhebt keinen wissenschaftlichen Anspruch, nein, ich möchte schlaglichtartig aus meinem Schulleiter- und Lehreralltag berichten und nicht selten bin ich auch in den Bereich der Fiktion gegangen und habe aufgeschrieben, wie es hätte sein können.

Als Leiter einer Schule erfährt man Dinge aus allen Richtungen: aus dem Ministerium und aus dem Umkreis des Ministerialbeauftragten, aus der für die Schule maßgeblichen politischen Umgebung, von Schulleiterkollegen und mitteilsamen Lehrerkollegen/-innen, von Schülern, Eltern und ehemaligen Kolleginnen und Kollegen. Das ist der Vorteil dieser exponierten Stellung, man ist umfassend informiert. Zusammen mit dem Organisationswissen, das man sich als Schuldirektor erwirbt, ist die breite Informationsbasis Grundlage für eine ziemlich ausgeprägte Machtstellung.

Einen wesentlichen Teil dieses Wissens, liebe Leserinnen und Leser, gebe ich in den folgenden Kapiteln an Sie weiter. Dabei habe ich, wie erwähnt, mir Zugebrachtes, Fiktives und auch Autobiografisches verarbeitet. Die Namen der Orte und Personen, über die ich schreibe, habe ich aus naheliegenden Gründen stark verändert, ganz weggelassen oder frei erfunden

Aus dem schier endlosen Feld, das Schulleiter/innen ‚beackern' müssen, habe ich ein paar Bereiche ausgewählt, die hoffentlich auch für eine breitere Leserschaft interessant sind.

An eine bestimmte literarische Form halte ich mich nicht, sondern nehme mir die Freiheit, von der Anekdote, dem Bericht über die Kurzgeschichte bis hin zum Gedicht zu variieren.

Der erste Schultag

Als ich im Stern[1] eine Karikatur von Tobias Schülert[2] sehe, die mit „Cornern" betitelt ist, werde ich unwillkürlich an meine eigene Schulzeit erinnert.

Die Karikatur zeigt ein karg ausgestattetes Klassenzimmer mit der klassisch auf Frontalunterricht ausgerichteten Sitzordnung, das heißt an der Stirnseite des Zimmers befindet sich eine Wandtafel, davor das Lehrerpult, hinter dem eine ziemlich humorlos dreinblickende Lehrperson in Hab-Acht-Stellung auf die hinter den Schulbänken sitzenden Schüler hinabblickt.

Die Schüler tragen teilweise Kopfbedeckungen, zum Beispiel verkehrt herum aufgesetzte Basecaps. Eine Schülerin steht in der Ecke des Zimmers mit dem Gesicht zur Wand, die Arme hinter dem Rücken verschränkt. Einer der Schüler hebt den Arm und fragt: „Herr Lehrer, warum, darf Bianca cornern?"

Dieser satirische Blick auf eine fiktive Szene aus dem Schulleben erinnert mich an einen Vorfall aus meiner eigenen Schulzeit:

---

[1] www.stern.de
[2] www.schuelert.de

Der Dienstag des 3. September 1957 zeigte sich von der heiteren, frühherbstlichen Seite, die Sonne schien, kurze Hosen waren angesagt. Daran erinnere ich mich noch ziemlich genau, denn Aufregung und Nervosität waren groß, der erste Schultag stand an.

Damals war es noch nicht üblich, dass einen die Eltern zur Schule begleiteten und auch abholten. Nein, den ungefähr ein Kilometer langen Schulweg vom Bahnhofsgebäude in Rudolfszell, in dem meine Familie wohnte, zur Schule in der Ortschaft Rudolfszell im Bayerischen Wald musste ich alleine bewältigen, wobei sogar eine Bundesstraße zu überqueren war.

Fußgängerüberweg, Ampel, Schülerlotsen?

Fehlanzeige.

Man war für sich selbst verantwortlich.

Auf dem Schulweg bildeten sich Fußgängergemeinschaften von Kindern, die aus den umliegenden Häusern auf die Hauptstraße kamen und dasselbe Ziel hatten, die Volksschule in Rudolfszell. Mein lederner Schulranzen, den ich auf den Rücken geschnallt hatte, war nicht schwer: eine Schiefertafel mit angeleintem Schwamm, eine hölzerne Griffelschachtel und ein

Apfel als Pausenverpflegung - das war's. Schnell durfte man nicht laufen, denn dann schepperten die Utensilien sehr und es bestand die Gefahr des Tafelbruchs, was eine Katastrophe gewesen wäre.

Im Klassenzimmer der ersten Klasse fanden sich 54 Schülerinnen und Schüler ein. Wir durften uns aussuchen, neben wem wir sitzen wollten. Ich wollte neben Kurt sitzen, der in der Nachbarschaft wohnte und er wollte das auch, so dass schon mal Grundsätzliches geklärt war.

Was wir alles lernten, weiß ich nicht mehr, nur, dass die Klassenlehrerin, die wir Schüler nur „Pfrein", Dialekt für „das Fräulein" (die Lehrerin), nannten, Frau Müller hieß. Das „Fräulein" dürfte schon an die 50 bis 60 Lenze erlebt haben, ihre Haare waren grau und das Kleid, das sie trug, glänzte schwarz.

Was „Pfrein" uns Schülern anzubieten hatte, interessierte mich nicht wirklich, viel aufregender war es, sich mit Kurt auszutauschen.

„Peter!", dröhnt es plötzlich durch den Raum, „Stell dich in die Ecke! Mit dem Gesicht zur Wand!"

Ich bin wie gelähmt, kann mich nicht bewegen, sodass "Pfrein" mich am Arm packt und in die nächste Ecke zerrt und abstellt. Ich sehe die weiße Wand schwarz vor mir, es summt in meinen Ohren, mein ganzer Körper fühlt sich taub, pelzig an. Dann ein schrilles Läuten und der "Pause"-Ruf von "Pfrein".

Ich bleibe stehen, wage es nicht, mich zu rühren.

Da kommt Frau Müller zu mir und sagt in freundlichem Ton, dass ich in die Pause gehen darf, wenn ich ihr verspreche, brav zu sein.

Nun wird mir die Situation bewusst: Es ist der erste Schultag und ich habe eine Strafe erhalten, eine der Höchststrafen, "Eckerl stehen" - mit der Aussicht von den Mitschülern "Eckerlsteher" verspottet zu werden und dass auch meine Eltern von der Schande erfahren.

Zuviel für einen Schulanfänger! Eine tiefe Traurigkeit, ein dumpfer Ganzkörperschmerz strömen in Tränenbächen, begleitet von heftigen Schluchzern, aus den Augen die Wangen hinab. Nichts kann mich mehr beruhigen, auch nicht ein "Ist doch alles nicht so schlimm!" von "Pfrein".

Sie will mir eine frische Breze schenken, aber dieser Beste-chungsversuch misslingt, mein Schluchzen ist so kräftig, dass der ganze Körper durchgeschüttelt wird - ein unstillbarer Weinkrampf.

„Pfrein" weiß nicht mehr weiter und schickt mich frühzeitig heim.

Epilog

Man könnte jetzt meinen, wenn der erste Schultag so an-fängt, ist das Thema Schule für einen durch, war es aber nicht.

Scheinbar hat den Schüler Peter dieses schmerzhafte Schlüs-selerlebnis stark gemacht, denn er ist später Leiter verschie-dener inländischer Gymnasien und einer renommierten deut-schen Auslandsschule geworden.

Die letzte „Erste Lehrerkonferenz" im Schuljahr

Das Schuljahr beginnt mit der Lehrerkonferenz, wobei festzuhalten ist, dass schon in den Ferien viele Vorbereitungsarbeiten für das neue Schuljahr geleistet werden müssen: Unterrichtsverteilung, Stundenplan, Schulhaushalt, Renovierungsmaßnahmen, Schulbuchbestellung usw., um nur einige zu nennen. Für den Schulleiter gibt es die langen, sechswöchigen Ferien nicht.

Vor der einleitenden Gesamtkonferenz hängt er, der Schulleiter des Gymnasiums, noch ein Begrüßungsplakat für Lehrer und Schüler aus, die er aus verschiedenen Postkartenmotiven zusammengestellt hatte.

Der Eingangstext besagt, dass der Schulleiter Lehrern und Schülern ein „tierisch" gutes neues Schuljahr wünscht. Das Wörtchen „tierisch" ist eine Anspielung auf die Postkartenbilder.

Das erste Bild zeigt eine wuchtige Bulldogge, der die Zunge aus dem Hals hängt. In einer Gedankenblase steht der Text: „Heute hängt mir mal wieder alles zum Hals raus!" - Dazu der

Schulleiterkommentar, der über das Bild gesetzt ist: „Hoffentlich gibt es diese Situation nur selten oder gar nicht für Sie / dich!"

Das zweite Bild ist die Darstellung eines jungen Kätzchens, das einem kleinen Spatz, der ein paar Federn lassen musste, versöhnlich die Pfote auf den Flügel legt. Darüber steht das Wort „Sorry!" Und wiederum darüber die Kommentierung des Schulleiters: „Falls mal etwas nicht so glatt geht, hilft oft ein kleines Wörtchen!"

Auf dem dritten Bild ist ein freundlicher Foxterrier zu sehen, über dessen Kopf geschrieben steht: „Heute wird alles gut!" – Dazu der Schulleiter: „Und das ist die beste Einstellung ..."

Während er das Plakat aufhängt, denkt er bei sich:

„Von heute an werde ich ‚alles' zum letzten Mal machen. Ich habe beschlossen, in den sogenannten Antragsruhestand zu gehen, also mit 64 Jahren, obwohl ich noch topfit bin und Abzüge von der Pension hinnehmen muss.

Ich fliehe ganz ehrlich gesagt vor meinem Stellvertreter, Herrn Holleschall, der sich für eine starke Führungspersönlichkeit hält, was er aber mit lautstark verwechselt.

Mit ihm zu reden fällt mir nicht leicht, denn ich spüre seine innere Ablehnung, die sich wie eine unsichtbare Mauer zwischen uns auftürmt.

Bei einem Jour fixe der Schulleitungsrunde explodierte er einmal wie aus dem Nichts und warf mir vor, ihn nicht wertzuschätzen. Da holte er gleich zum Rundumschlag aus und ließ praktisch kein gutes Haar an mir.

Mit der mangelnden Wertschätzung hatte er nicht vollkommen Unrecht, denn für Schulentwicklung zum Beispiel interessierte er sich überhaupt nicht und beim Jour fixe hatte er immer nur ein ‚Ich habe nichts!' anzubieten. Diese Verweigerungshaltung beeindruckte mich wenig.

Dass er mit seinem emotionalen Rundumschlag gegen mich zu weit gegangen war, merkte er wohl selbst und mir kam es vor, als versuchte er das durch Geschenke, wie etwa teure Whiskeys zum Geburtstag, wieder gut zu machen, aber für mich persönlich war das der endgültige Bruch. Das merkte auch er und so versuchte er, mich immer wieder bei den Sitzungen zu provozieren, indem er betonte, wie perfekt Herr Rosskopf, der Mitarbeiter in der Schulleitung und sein Ver-

bündeter, der sich im Übrigen auch auf die Schulleiterstelle beworben hatte, arbeite.

Das Duo bildet einen mentalen Bremsklotz für mich. Ich merke, sie blockieren meine Vorhaben, meist sehr subtil, aber teilweise auch ganz offen, wie zum Beispiel bei der Frage der Namensgebung für die Schule zur Identitätsstiftung.

Wenn Rosskopf im Lehrerzimmer von mir redet, bezeichnet er mich als „er vorne" und Holleschall spricht immer nur vom „Chef", meinen Namen bringen sie nicht über ihre Lippen.

Ich stand vor der Wahl, den Kampf aufzunehmen oder die Flucht in die vorzeitige Pension anzutreten.

Die Erinnerung an meinen Vater, der Dienststellenleiter bei der Deutschen Bahn war und einen Stellvertreter hatte, der ihm die Leiterstelle neidete, ließ den Fluchtreflex siegen.

Mein Vater und sein Stellvertreter führten einen jahrelangen Kleinkrieg gegeneinander – für die beiden war es wohl ein großer – mit dem traurigen Ende, dass beide Krebs bekamen und starben, mein Vater ein wenig früher, sein Kontrahent ein wenig später.

Was dem FC Bayern München die Flügelzange „Robbéry" (die Stürmer Frank Ribéry und Arjen Robben) waren, sind mir „Hollero" (Holleschal und Rosskopf), nur mit dem Unterschied, dass Ribéry und Robben für ihren Boss arbeiten und nicht gegen ihn.

Nachdem ich den Entschluss gefasst hatte, vorzeitig in Pension zu gehen, unternahm ich auch keine Versuche mehr, die Beziehungen zu meinen Opponenten in der Schulleitung zu verbessern oder gar zu retten, sondern versuchte, das, was zu tun war, so gut wie möglich auf sachliche Art und Weise zu regeln.

Die Konferenz ist Routine für ihn, den gestandenen Schulleiter mit viel Führungserfahrung. In früheren Jahren und an anderen Schulen baute er immer lustige Überraschungsmomente in die Konferenzen ein, verlas zum Beispiel erfundene KMS (Schreiben des Kultusministeriums), die irgendeinen Unsinn von den Lehrern forderten, und groß waren die Erleichterung und das befreiende Lachen, wenn sich herausstellte, dass es ein Fake war, wie man auf Neudeutsch zu sagen pflegt. Das tut er hier im nordbayerischen Balstadt nicht, da achtet er peinlich auf Korrektheit und Seriosität.

Sein Stellvertreter, Holleschal, und der Mitarbeiter in der Schulleitung, Rosskopf, stehen nicht einmal auf, wenn sie ihren Part der Konferenz abspulen. Wenn er sich dazu hätte durchringen können, den Kampf mit den beiden aufzunehmen, hätte er sie zur Ordnung rufen und sie auffordern müssen aufzustehen, das war nicht nur eine Frage des Anstands, sondern auch der Akustik. Er hat aber seine Strategie des „taktischen Rückzugs" durchsickern lassen, sodass das Kollegium und auch der Elternbeirat Bescheid wissen.

Der latente Konflikt in der Schulleitung wird ausgeklammert, man macht seinen Dienst, die Schule läuft trotzdem ziemlich reibungslos, mehr noch, viele Kolleginnen und Kollegen ‚hängen sich richtig rein', um dem Schulleiter ihre Loyalität zu bekunden …

Die Hand der Fatima[3] ...

---

[3] http://arabisch.com/893/hand-der-fatima-bedeutung-in-der-arabischen-kultur/

... hing eingerahmt in meinem Büro. Der Glaube an die beschützende Wirkung gegen den bösen Blick und böse Geister geht zwar auf den Islam zurück, aber Islam und Christentum haben mehr Gemeinsamkeiten[4] als die meisten vermuten.

Der religiösen Ausgeglichenheit halber, nein, weil ich gläubiger Christ bin, hatte ich aber auch ein (koptisches) Kreuz in meinem Büro hängen.

Und als Erinnerung an die Schule, die ich vorher geleitet hatte, einen Button, den mir die Fachschaft Deutsch zum Abschied schenkte und sich damit ein wenig über mich lustig machte, weil ich an der Schule verschiedene Buttons eingeführt hatte und damit Lehrer und Schüler für besondere Leistungen auszeichnete.

---

[4] Z. B.: http://www.schuldekan-goeppin-gen.de/fileadmin/mediapool/einrichtungen/E_schuldekan_goeppingen/Fobi_Christl.-islam._Dialog_Zimmer_Referat__1_.pdf

Diese Buttons waren sehr begehrt, da war ich auf eine ‚Marktlücke' gestoßen.

Aufgaben des Schulleiters

Hier zur Veranschaulichung und Information ein Blick auf die Aufgaben eines Schulleiters / einer Schulleiterin laut Lehrerdienstordnung (Bayern)[5]:

Lehrerdienstordnung

„ ...

§ 24

Stellung der Schulleiterin oder des Schulleiters

(1) Die Schulleiterin oder der Schulleiter nimmt insbesondere folgende Befugnisse wahr:

— *Vorstand der Behörde,*

---

[5] http://www.gesetze-bayern.de/Content/Document/BayVwV288393-27

- *Vorgesetzte bzw. Vorgesetzter der Beamten und Arbeitnehmer der Schule,*
- *Ausübung der Dienstaufsicht,*
- *Treffen von dienstrechtlichen Entscheidungen über die persönlichen Angelegenheiten der Beamten und Arbeitnehmer der Schule im Rahmen ihrer oder seiner Zuständigkeit,*
- *Aussprechen von Verweis und Geldbuße (Art. 35 Abs. 2 Satz 1 BayDG); bei den Grundschulen und Mittelschulen, den Förderschulen und den Schulen für Kranke wird diese Befugnis von den Regierungen wahrgenommen,*

- *Übertragung von Aufgaben und Weisungsberechtigung gemäß Art. 57 Abs. 2 Satz 3 BayEUG,*
- *Zuordnung der Lehrkräfte zu den Mitgliedern der erweiterten Schulleitung, soweit diese eingerichtet*

tet

ist, in der Geschäftsverteilung.

(2) Vorbehaltlich der Zuständigkeiten der Aufsichtsbehörden sorgen die Schulleiterinnen und Schulleiter im Rahmen ihrer Dienststellung in Erfüllung der ihnen durch Art. 57 Abs. 2 BayEUG und die jeweilige Schulordnung zugewiesenen Aufgaben dafür, dass der in den Lehrplänen und sonstigen amtli-

chen Richtlinien gegebene Auftrag der Schule erfüllt, der Unterricht ordnungsgemäß erteilt, die Arbeit der einzelnen Lehrkräfte aufeinander abgestimmt wird und die Rechts- und Verwaltungsvorschriften, insbesondere das Bayerische Gesetz über das Erziehungs- und Unterrichtswesen, die jeweilige Schulordnung und die Dienstordnung beachtet werden.

(3) Zu der Vertretung der Schule durch die Schulleiterin oder den Schulleiter nach außen (Art. 57 Abs. 3 BayEUG) gehört insbesondere die Vertretung gegenüber den Erziehungsberechtigten, den Ausbildenden, den Arbeitgebern, dem Aufwandsträger, den Aufsichtsbehörden und den sonstigen Dienststellen.

...

§ 26

Anwesenheit der Schulleiterin oder des Schulleiters

(1)

1 - Die Schulleiterin oder der Schulleiter muss in der Regel in der Hauptunterrichtszeit in der Schule anwesend sein.

2 - Im Übrigen richtet sich die Anwesenheit nach den dienstlichen Erfordernissen.

3 - Auch während der Ferien muss die Wahrnehmung der Dienstgeschäfte der Schulleitung in ausreichendem Maße sichergestellt sein.

(2)

1 - Die Schulleiterinnen und Schulleiter von Realschulen, Beruflichen Oberschulen und Gymnasien zeigen ihren Erholungsurlaub unter Benennung der Vertretung der oder dem Ministerialbeauftragten an, die Schulleiterinnen und Schulleiter der übrigen Schulen der vorgesetzten Schulaufsichtsbehörde.

2 - Der Erholungsurlaub der Schulleiterin oder des Schulleiters außerhalb der Ferienzeit bedarf der Genehmigung der Stelle, die für die Genehmigung auch des Sonderurlaubs zuständig ist (§ 12 Abs. 7).

(3)

Erkrankungen von mehr als drei Tagen und die Wiederaufnahme des Dienstes der Schulleiterin oder des Schulleiters, im Vertretungsfall der Vertreterin oder des Vertreters, sind der vorgesetzten Schulaufsichtsbehörde, bei Realschulen, Beruflichen Oberschulen und Gymnasien zusätzlich der oder dem Ministerialbeauftragten anzuzeigen.

...

§ 27

Einzelne Aufgaben der Schulleiterin oder des Schulleiters

(1)

1 - Die Schulleiterin oder der Schulleiter leitet die Aufnahme der Schülerinnen und Schüler, regelt die Zuteilung der Schülerinnen und Schüler zu Klassen und Gruppen nach Maßgabe der bestehenden Vorschriften sowie die Verteilung der Unterrichtsräume und verteilt den Unterricht und die sonstigen dienstlichen Aufgaben auf die Lehrkräfte.

2 - Hierbei sowie bei der Bestellung der Klassenleiterinnen oder der Klassenleiter sollen die besonderen Gegebenheiten der Klasse und die fachliche und persönliche Eignung der Lehrkräfte sowie deren weitere Dienstaufgaben berücksichtigt werden.

3 - Die Schulleiterin oder der Schulleiter achtet auf möglichst gleichmäßige Belastung der Lehrkräfte.

4 - Begründeten Wünschen der Lehrkräfte bezüglich ihres Einsatzes kann im Rahmen des Möglichen Rechnung getragen werden.

5 - Die Belange schwerbehinderter Lehrkräfte sind zu beachten (§ 8).

6 - Die Lehrkraft hat jedoch insbesondere keinen Anspruch auf den Unterricht in bestimmten Klassen oder Gruppen oder zu bestimmten Zeiten oder auf einen unterrichtsfreien Tag im Stundenplan.

(2)

1 - Über die in der Dienstordnung und in den Schulordnungen geregelten Fälle hinaus kann die Schulleiterin oder der Schulleiter das Kollegium oder Teile des Kollegiums aus besonderen Gründen auch kurzfristig zu Dienstbesprechungen einberufen.

2 - Die in den Schulordnungen geregelten Zuständigkeiten der Lehrerkonferenz bleiben davon unberührt.

3 - Insbesondere können bei diesen Dienstbesprechungen keine Beschlüsse gefasst werden, die der Lehrerkonferenz vorbehalten sind.

(3)

1 - Zur Erfüllung der Aufgaben nach Art. 57 Abs. 2 BayEUG informiert sich die Schulleiterin oder der Schulleiter über das Unterrichtsgeschehen auch durch Besuch des Unterrichts.

2 - Sie bzw. er achtet unter anderem darauf, dass die Anforderungen in den einzelnen Fächern das rechte Maß einhalten.

3 - Ihre bzw. seine Beobachtungen werden mit der Lehrkraft besprochen.

(4)

1 - Die Schulleiterin oder der Schulleiter sorgt für eine gleichmäßige Verteilung der schriftlichen Aufgaben über das ganze Schuljahr sowie für die Angemessenheit der Aufgabenstellung und der Benotung durch die Lehrkräfte.

2 - Hält die Schulleiterin oder der Schulleiter die Änderung einer Note für erforderlich, ohne ein Einverständnis mit der Lehrkraft hierüber erzielen zu können, so entscheidet die Lehrerkonferenz.

3 - Stellt sie bzw. er nach Rücksprache mit der Lehrkraft und gegebenenfalls mit der Fachbetreuerin oder dem Fachbetreuer der Schule fest, dass die Anforderungen in einer Schulaufgabe, Kurzarbeit, Probearbeit oder Stegreifaufgabe für die Jahrgangsstufe nicht angemessen waren oder der Lehrstoff nicht genügend vorbereitet war, so kann sie bzw. er die Aufgabe für ungültig erklären und die Anfertigung einer neuen anordnen.

(5)

1 - Die Schulleiterin oder der Schulleiter unterrichtet die Lehrkräfte über dienstliche Vorschriften und Weisungen der Schulaufsichtsbehörden und im Rahmen der bestehenden Vor-

schriften über alle wesentlichen Angelegenheiten der Schule.

*2 - Für die Unterrichtung des Elternbeirats gilt Art. 67 Abs. 1
BayEUG.*

(6)

*1 - Die Schulleiterin oder der Schulleiter überwacht die Ord-
nungsmaßnahmen (Art. 86 Abs. 2 BayEUG).*
*2 - Die schriftlichen Mitteilungen an die Erziehungsberechtig-
ten, gegebenenfalls an die Ausbildenden oder Arbeitgeber,
über Ordnungsmaßnahmen der Lehrkräfte werden ihr bzw.
ihm vor Auslauf vorgelegt.*

(7)

*1 - Die Schulleiterin oder der Schulleiter hat für eine ord-
nungsgemäße Aufbewahrung der Akten, insbesondere für
eine sichere Aufbewahrung von Prüfungsaufgaben, schutz-
würdigen Formularen und ähnlichen Schriftstücken zu sorgen.*

*2 - Soweit in der Schulanlage eine sichere Aufbewahrung nicht
möglich ist, hat sich die Schulleiterin oder der Schulleiter an
den Aufwandsträger zu wenden.*

(8)

*1 - Die Schulleiterin oder der Schulleiter arbeitet im Rahmen
des Bayerischen Personalvertretungsgesetzes mit dem Perso-*

nalrat vertrauensvoll zusammen (vgl. Art. 67 BayPVG).

2 - Die Schulleiterin oder der Schulleiter und die Schwerbehindertenvertretung arbeiten in der Frage der Teilhabe schwerbehinderter Menschen im Arbeitsleben in der Dienststelle eng zusammen und bemühen sich um einvernehmliche Lösungen.

(9)

Bei der Organisation von Maßnahmen der Jugendhilfe, insbesondere bei der Einrichtung und Durchführung von Jugendsozialarbeit an Schulen, kooperiert die Schulleiterin oder der Schulleiter mit den öffentlichen Trägern der Jugendhilfe.

(10)

1 - Die Schulleiterin oder der Schulleiter verfolgt bei der Schulentwicklung das Ziel der inklusiven Schule.

2 - Sie oder er organsiert die Rahmenbedingungen und kooperiert dabei mit der Schulleitung der jeweiligen Förderschule, dem Schulaufwandsträger und mit außerschulischen Partnern.

...

§ 28

Erweiterte Schulleitung

(1) Soweit eine erweiterte Schulleitung gemäß Art. 57a BayEUG eingerichtet wurde, besteht diese aus der ständigen Vertreterin oder dem ständigen Vertreter sowie erforderlichenfalls weiteren staatlichen Lehrkräften mit Führungs- und Personalverantwortung.

(2) Die Schulleiterin oder der Schulleiter erstellt einen Geschäftsverteilungsplan, der jede Lehrkraft der Schule jeweils einem Mitglied der erweiterten Schulleitung bzw. der Schulleiterin oder dem Schulleiter zuweist und die Aufgabenbereiche der Mitglieder der erweiterten Schulleitung festlegt.

(3)
1 - Die Mitglieder der erweiterten Schulleitung sind gegenüber den ihnen von der Schulleiterin oder dem Schulleiter zugeordneten Lehrkräften weisungsberechtigt; das Weisungsrecht der Schulleiterin oder des Schulleiters gegenüber den Lehrkräften bleibt hiervon unberührt.
2 - Die Schulleiterin oder der Schulleiter und die Mitglieder der erweiterten Schulleitung informieren sich gegenseitig über bedeutsame laufende Vorgänge.

(4) Als Aufgaben für die Mitglieder der erweiterten Schulleitung kommen im Rahmen des Geschäftsverteilungsplans insbesondere in Betracht:

a) Für die ihnen zugeordneten Lehrkräfte:

– die Wahrnehmung unterstützender Personalführungsinstrumente (z.B. Mitarbeitergespräche, Zielvereinbarungen, kollegiale Teambildung, Unterrichtsbesuche und deren beratende Nachbesprechung),

– Durchführung von Teamsitzungen mit den jeweils zugeordneten Lehrkräften,

– Begleitung von Berufsanfängerinnen und Berufsanfängern,

– Mitwirkung bei der dienstlichen Beurteilung gemäß den Beurteilungsrichtlinien in der jeweils gültigen Fassung.

b) Sonstige Aufgaben:

Den Mitgliedern der erweiterten Schulleitung obliegen weitere Aufgaben nach Maßgabe der schulartspezifischen Funktionenkataloge (z.B. im Bereich der Schulorganisation, des Qualitätsmanagements und der Schulentwicklung, der pädagogischen Koordination oder der Fachgruppenkoordination).

..."

Dazu kommen noch weitere Bestimmungen laut BayEuG[6] (Bayerisches Gesetz über das Erziehungs- und Unterrichtswesen) und GSO[7] (Gymnasiale Schulordnung), deren Lektüre ich der geneigten Leserschaft hier nicht auch noch zumuten möchte.

Tangiert wird die Arbeit der Schulleiter/innen dann auch noch von anderen Gesetzeswerken, z. B. dem Personalvertretungsgesetz, gesetzlichen Ordnungen zum Arbeits- und Jugendschutz sowie dem Disziplinarrecht.

Alles in allem ein kaum überschaubarer Wust von Vorschriften und Gesetzen, die noch durch eine Unzahl von kultusministeriellen Schreiben ergänzt werden.

Die Schlagworte von der Verjuristifizierung und Verbürokratisierung der Schulen sind also keine hohlen Phrasen, sondern erschreckende Realität.

Kurzum, wer ehrlich (auch zu sich selbst) ist, muss (sich) gestehen, dass kein Mensch diesem Anforderungskatalog wirklich gerecht werden kann.

---

[6] http://www.gesetze-bayern.de/Content/Document/BayEUG-57
[7] http://www.gesetze-bayern.de/Content/Document/BayGSO

Dieses Phänomen gehört zum System der meines Erachtens nach beabsichtigten, permanenten Überforderung der Schulleiter, aber auch der Lehrkräfte, auf das ich im nächsten Kapitel eingehe.

Lehrer haben es schwer(er)

Das System der permanenten Überforderung

Noch sehr gut weiß ich, wie mich eine Hitzewallung durchfuhr und mir Schweißperlen auf die Stirn trieb, als ich als junger Referendar im Rahmen meiner zweijährigen pädagogischen Ausbildung an der Seminarschule in München mit den Aufgaben des Lehrers laut ASchO (Allgemeine Schulordnung – so hieß die ‚Bibel' der Gymnasien damals) und LDO (Lehrerdienstordnung) vertraut gemacht wurde.

Was da alles an Ansprüchen und Forderungen an die Lehrkräfte formuliert war, kann kein Mensch auch nur annähernd wirklich erfüllen und leisten!

Den anderen Referendaren im Seminar erging es wahrscheinlich genauso, aber eine Schwäche zu zeigen, wäre uncool gewesen und so dachte man bei sich „Nichts wird so heiß gegessen wie es gekocht wird!", was letztendlich auch Gott sei Dank zutrifft.

Aber diese permanente Überforderung durch rechtswirksam vom Arbeitgeber formulierte Anforderungen erzeugen ein Klima der Repression und Angst und deshalb stellen die Lehrer auch ein so geringes Protestpotential dar, sodass das Kultusministerium mit den Lehrern praktisch tun kann, was es will, denn im Hintergrund steht das Bewusstsein der Lehrkräfte, dass man ihnen jederzeit am Zeug flicken kann, bedingt durch die überhöhten Anforderungen auf dem Papier, denen kein Mensch wirklich gerecht werden kann.

Viele Lehrkräfte haben eine ängstliche Grundeinstellung und das in einem Beruf, der Mut, Ideenreichtum und eine gewisse Risikobereitschaft verlangt, wenn man ein guter Lehrer sein will. Diese Grundeinstellung, die durch die geschilderte Überforderung genährt wird, steht den Erfordernissen einer modernen Pädagogik diametral entgegen.

Ich erspare mir und Ihnen den Dschungel an Bestimmungen, Vorschriften und Anweisungen für die Lehrkräfte hier aufzuführen, das habe ich für den Bereich Schulleitung im vorherigen Kapitel getan. Wer es genauer nachlesen möchte, für den füge ich hier einen Link zur (bayerischen) Lehrerdienstordnung ein, aber, wie gesagt, das ist nur eine von mehreren Vorschriftenquellen:

http://www.gesetze-
bayern.de/Content/Document/BayVwV288393.

Daneben gibt es noch das Gesetz über Erziehungs- und Unterrichtswesen und die jeweilige Schulordnung. Für den ‚normalen' Lehrer gilt also im Prinzip dasselbe wie für die Schulleiter: Die Anforderungen, die der Dienstherr an sie stellt, sind im Grunde nicht erfüllbar, sie hängen wie das Schwert des Damokles über ihren Häuptern.

„Ja, Lehrer haben es schwer(er)![8]", behaupte ich hier einmal ganz ohne ironischen Unterton.

Das hat dazu geführt, dass viele Lehrkräfte über die Belastungen, die ihnen aufgebürdet werden, jammern. Aber mit Jammermienen verändert man nichts, im Gegenteil, die Lehrer

---

[8] Vgl. Joachim Bauer: „Burnout bei schulischen Lehrkräften" in **PID (Psychotherapie im Dialog)** 3/2009;
Weblink:
https://www.google.de/url?sa=t&rct=j&q=&esrc=s&source=web&cd=3&cad=rja&uact=8&ved=0ahUKEwjp-b3b_uzVAhUGvxQKHWcqBuAQFggzMAI&url=http%3A%2F%2Fwww.psychotherapie-prof-bau-er.de%2Flehrergesundheit.pdf&usg=AFQjCNEAnhXAd1pxiB4ftpHLGWHZ7JZvdw

werden in der Gesellschaft oft als larmoyant belächelt und nicht mehr ernst genommen.

„Die Grund- und Hauptschullehrer laminieren und die Gymnasiallehrer lamentieren", hat es ein bekannter Kabarettist einmal griffig formuliert.

Ich persönlich habe immer versucht, Kolleginnen und Kollegen zu überzeugen, dass es besser ist, der Öffentlichkeit zu zeigen, dass man trotz aller Widrigkeiten gute Arbeit leistet statt über Überlastung zu klagen.

Dass das Kultusministerium bzw. die Politik insgesamt in den letzten Jahrzehnten eine - wie ich meine - teilweise katastrophale Bildungspolitik ohne nennenswerten Widerstand seitens der Lehrkräfte durchsetzen konnte, hängt auch mit der systemimmanenten Überforderung des Lehrpersonals zusammen.

In die Tiefe der Bildungskritik will ich an dieser Stelle nicht eindringen, das haben andere schon getan[9].

---

[9] Z. B.: http://www.wiwo.de/erfolg/campus-mba/bildung-deutschland-ist-auf-dem-weg-in-die-inkompetenz/13029602.html;
oder: Josef Kraus, **Wie man eine Bildungsnation an die Wand fährt: Und was Eltern jetzt wissen müssen** (München, 2017)

Man kann aber schon ins Grübeln kommen, wenn man den Verfall der Wertekultur allgemein verfolgt. Deutsche Bank, Siemens und nun auch der Volkswagenkonzern geraten mit dem Gesetz in Konflikt, müssen Milliardenstrafen bezahlen. Der Gipfel ist wohl der systematische Betrug, der im VW-Konzern aufgedeckt worden ist. VW musste bzw. muss, so konnte man lesen, die schier unfassbare Summe von rund 20 Milliarden Euro an Strafzahlungen allein in Nordamerika aufbringen, aber niemand regt sich so richtig auf, die Dinge laufen fast so weiter, als wäre nichts geschehen. ,Kleine' Arbeitnehmer werden wegen geringfügiger Vergehen hart bestraft, die ,Großen' kommen scheinbar ungeschoren davon, denn sie sind im Gegensatz zu den ,Kleinen' „systemrelevant". Da liegt meines Erachtens nach viel gesellschaftlicher Sprengstoff verborgen, der sich plötzlich entladen kann und das, so meine ich, ist durchaus auch „systemrelevant". Die Politik hat das noch offensichtlich nicht kapiert, zu eng scheint sie mit den ,Großen' verwoben zu sein.

Es ist auch interessant zu beobachten, dass in unserer Gesellschaft Formel-1-Rennfahrer, Profifußballer, Filmsternchen und Models die großen Rollenvorbilder geworden sind, also sicherlich nicht die, die für die Gesellschaft wirklich Substantielles leisten. Überdies flüchten diese oft auch noch in Steuerparadiese, ohne dass das ihrem Ansehen wesentlich schaden würde.

Nun aber wieder zurück in das Schulgeschehen.

Benimmt sich ein Lehrer nicht so, wie es von ihm erwartet wird, hat der Chef / die Chefin jederzeit die Möglichkeit ihm ‚eins rein zu würgen'. Für die Chefs gilt das natürlich genauso, eine Hierarchieebene höher.

Die Schulchefs werden bei unerwünschtem Verhalten meist direkt vom Ministerium zur Ordnung gerufen. Das ist mir persönlich auch widerfahren, als sich einer meiner Oberstufenkoordinatoren, der zur erweiterten Schulleitung gehörte, öffentlich kritisch über das G8 (achtjähriges Gymnasium) geäußert hatte. Irgendein regierungstreuer Zeitungsleser hat den Artikel mit den nicht willfährigen Worten an das Ministerium geschickt und der für mich zuständige Abteilungsleiter hat mich umgehend angerufen und mir unterstellt, dass ich mein Kollegium nicht im Griff habe.

Ich kam aber relativ ungeschoren davon, denn ansonsten hatte ich ein gutes Ansehen im KM (Kultusministerium), da meine Arbeitsleistung an den Schulen nicht ganz unbemerkt geblieben war. Ich musste eine Stellungnahme schreiben, die den Fauxpas erklärte. Natürlich machte ich das nicht selbst, sondern bat den Oberstufenkoordinator eine Stellungnahme zu schreiben, die ich mit einem kurzen Kommentar versah. So bekam auch dieser mit, wie der ‚Hase' zu laufen hat.

Wenn man auch nur einen Hauch Ahnung davon hat, welchen zeitlichen Aufwand die Umsetzung der im vorherigen Kapitel im Einzelnen angeführten Aufgaben und Pflichten bedeuten, dann ist meine These von der gewollten Überforderung unschwer nachzuvollziehen.

Im nächsten Kapitel kommen wir zu einem Bereich, der schon manche Gymnasiumsleiter an den Rand der Verzweiflung gebracht hat. Die Aufgabe, alle Kolleginnen und Kollegen alle vier Jahre dienstlich beurteilen zu müssen, ist in ihrem Umfang und Komplexität keine Würde, sondern eine brachiale Bürde.

Periodische Beurteilung

Periodische Beurteilung heißt, dass in Bayern der Schulleiter jedes vierte Jahr alle seine Kolleginnen und Kollegen beurteilen muss und inzwischen auch selbst vom Ministerialbeauftragten beurteilt wird. Sieben Stufen der Leistungseinschätzung gibt es:

- Leistung, die in allen Belangen von herausragender Qualität ist (HQ)
- Leistung, die die Anforderungen besonders gut erfüllt (BG)
- Leistung, die die Anforderungen übersteigt (UB)
- Leistung, die den Anforderungen voll entspricht (VE)
- Leistung, die den Anforderungen in hohem Maße gerecht wird (HM)
- Leistung, die Mängel aufweist (MA)
- Leistung, die insgesamt unzureichend ist (IU)

Dieses Beurteilungsverfahren ist ein bürokratisches Ungetüm. Der Schulleiter muss innerhalb des Beurteilungszeitraums (vier Jahre) sämtliche Lehrkräfte mindestens drei Mal im Unterricht besuchen und im Anschluss an jeden Besuch der Kollegin / dem Kollegen in einem Gespräch die Beobachtungen mitteilen und Hinweise geben, wie die Leistung verbessert werden kann. Dazu sind Zielvereinbarungen schriftlich zu fixieren und in regelmäßigen Abständen zu überprüfen. In einer weiteren Gesprächsrunde wird dann die Beurteilung rechtskräftig eröffnet.

Der Eröffnung wiederum geht eine Vorbeurteilung der Beurteilungen durch den Ministerialbeauftragten voraus. Da wird überprüft, ob der Beurteilungsdurchschnitt in einem gewissen Rahmen liegt und ob die Leistungen auf die einzelnen Leistungsstufen gut verteilt sind. Wenn das nicht der Fall ist, bekommt man einen Anruf vom Ministerialbeauftragten mit der Weisung, die Beurteilungen entsprechend abzuändern.

Ein mittelgroßes Gymnasium mit etwa 1.000 Schülern hat rund 80 Lehrer. Der Schulleiter muss also mindestens 240 Unterrichtsbesuche durchführen. Der rein zeitliche Aufwand dafür beträgt 180 Stunden. Wenn man davon ausgeht, dass die Gespräche über die Unterrichtsbesuche im Schnitt 30 Minuten dauern, dann kommen noch einmal 120 Stunden dazu. Die Summe ist aber noch nicht komplett, denn die Eröffnung der Beurteilungen erforderte bei 80 Kollegen/innen auch noch einmal rund 40 Stunden. Summa summarum ist ein Schulleiter 400 Stunden, also weit mehr als 10 Arbeitswochen pro Beurteilung nur mit diesem Instrumentarium befasst.

Das ist aber noch nicht alles an Beurteilung. Wenn neue Lehrkräfte den Dienst antreten, muss zuerst eine „Einschätzung während der Probezeit" und dann auch noch eine Probezeitbeurteilung erstellt werden...

Aus meiner Sicht ist das eine ziemliche Verschwendung von Ressourcen, denn die Beurteilungen haben, wenn man es genau nimmt, keine gravierenden Folgen, außer bei den Stufen 1, 2 und 7. Wird die Stufe 7 vergeben, eine "Leistung, die insgesamt unzureichend ist", so führt das letztendlich zur Entfernung aus dem Dienst. In meinen fast 40 Jahren an verschiedenen Gymnasien ist mir kein solcher Fall bekannt geworden. Wer die Stufe 1, eine „Leistung, die in allen Belangen von herausragender Qualität ist" oder die Stufe 2, eine „Leistung, die die Anforderungen besonders gut erfüllt", bekommt, wird schneller befördert und hat größere Chancen bei der Bewerbung auf sog. Funktionsstellen.

Die Unterrichtsbesuche sind bei den Lehrkräften gefürchtet, denn das Klassenzimmer ist doch ein recht privater Raum mit einer besonderen Atmosphäre, die von den Schülern und der unterrichtenden Lehrkraft geprägt werden. Wenn da jemand von außen kommt, wird das als Eindringen empfunden und ist unangenehm, selbst wenn der Chef als angenehm gilt.

Ich habe versucht, den Druck aus den Unterrichtsbesuchen herauszunehmen, indem ich viele Einzelgespräche mit Lehrkräften geführt habe und in Konferenzen betont habe, dass ich nicht so sehr als Kontrolleur komme - ständige Kontrolle erfolgt durch die Schüler und Eltern! -, sondern eher als Berater und Bewunderer und das habe ich durchaus ernst gemeint, denn es war erstaunlich, welch gelungene Unterrichtstunden ich meist präsentiert bekam.

Auch habe ich in meinen „Hausmitteilungen" und „Wochenkonferenzen" klar dargelegt, worauf ich bei meinen Besuchen Wert lege, denn die Beurteilungen sollten kein undurchsichtiges Geheimverfahren sein, sondern den zu Beurteilenden muss klar und deutlich sein, welche Kriterien zur Beurteilung herangezogen werden.

Praktische Tipps für die zu Beurteilenden

Zum richtigen methodisch-didaktischen Vorgehen möchte ich an dieser Stelle eine Handvoll Tipps geben:

1) Bevor der Unterricht beginnt, sollte man darauf achten, dass die Arbeitsmaterialien bereitliegen, dass die Tafel gewischt ist und, ob alle Schüler/innen anwesend sind. Es kommt gar nicht selten vor, dass Lehrkräfte nicht bemerken, wenn Schüler abwesend sind (sic!). Die Stufenbetreuer, die die Absenzen kontrollieren, könnten abendfüllend über solche Fälle berichten. Außerdem, vor allem im Winter, ist für Luftaustausch sorgen, auch mal während der Unterrichtsstunde. Verbrauchte Luft macht schlapp und müde.

2) Es ist sehr empfehlenswert, am Anfang der Stunde einen Kurzüberblick über das zu erwartende Geschehen abzugeben, das ist auch eine immanente Kontrolle für alle, ob das Stundenziel erreicht wurde oder nicht.

3) Das Unterrichtsgespräch ist sicher nach wie vor der Kern des Unterrichts, aber nur vom Lehrer gelenktes Unter-

richtsgespräch, Stunde für Stunde sozusagen die pädagogische Missionarsstellung, ist für die Schüler die Höchststrafe. Spätestens nach zwanzig Minuten sollte ein Rhythmuswechsel erfolgen, eine schüleraktivierende Maßnahme eingebaut werden.

4) Am Ende der Stunde fasst idealerweise ein Schüler zusammen, was gelernt bzw. durchgenommen worden ist.

5) Eminent wichtig ist es, immer wieder zu erklären, warum bestimmte Dinge gelernt werden. Dabei denke ich als Grund nicht an die nächste Schulaufgabe oder Stegreifaufgabe.

..."

Was mir als Schulleiter wichtig ist

Was man eigentlich immer schon wusste, aber in Zeiten des Gleichheits- und Antiautoritätswahns in den Hintergrund geriet, ist die Tatsache, dass die Leiter von Institutionen, wie etwa Schulen, eine ganz entscheidende Funktion für das Gelingen derselben haben, obwohl man sagen muss, dass eine moderne Schule nicht mehr von einer Person geleitet werden kann, sondern man dafür ein Leitungsteam braucht, so kompliziert und umfangreich sind die Führungsaufgaben geworden. Aber auch innerhalb eines Führungsteams braucht es einen oder eine, der/die den Takt angibt. Ohne Taktgeber geht es nicht.

Was ich persönlich in der Leitungsfunktion als sehr wichtig erachte, habe ich in einer meiner Antrittsreden dargelegt, aus der ich Ausschnitte wiedergebe:

"...

Das magische Viereck der Schulleitung oder die 4 K`s

Konzipieren, Kooperieren, Koordinieren, Kommunizieren.

a) Konzipieren

Eine moderne Schule braucht, so bin ich der festen Überzeugung, mehr als nur eine Leitung im Sinne einer Verwaltung, die den Schulbetrieb aufrechterhält. Eine Schule heutzutage kann, darf und muss für sich Ziele bestimmen, die die Schulgemeinde gemeinsam anstreben und verwirklichen soll. Der Schulleiter spielt dabei eine ganz wichtige Rolle, wenn es darum geht, gemeinsame Leitziele zu entwerfen, eine Konzeption zu organisieren.

b) Kooperieren

Die moderne Organisationswissenschaft hebt zwar die Bedeutung der Führungskräfte hervor, aber es ist sonnenklar, dass eine Person alleine auf verlorenem Posten ist, wenn es darum geht, große Organisationseinheiten funktional zu halten und *effizient zu gestalten.*

Was heißt das konkret für unsere Arbeit vor Ort? Der Schullei-
ter soll im Wesentlichen für die Vertretung der Schule nach
außen verantwortlich sein, während Stellvertreter, Mitarbei-
ter und andere Funktionsinhaber für den sog. reibungslosen
Alltagsbetrieb verantwortlich zeichnen. Die Vertretung nach
außen ist nicht rein repräsentativ zu verstehen, sondern be-
deutet vielmehr Kooperation mit KM (Kultusministerium), MB
(Ministerialbeauftragter), Sachaufwandsträger, Kommune,
Presse, aber auch den zentralen Organen der Schulgemeinde,
wie Personalrat, Elternbeirat, SMV usw.

46
___

c) Koordinieren

Als Schulleiter muss man heutzutage vieles delegieren, da das
Aufgabenspektrum gigantisch ist und der Kopf für die schon
erwähnten konzeptionellen Dinge einigermaßen frei bleiben
soll. Delegieren bedeutet aber nicht einfach abgeben, sondern
beinhaltet die Pflicht zur Rückmeldung, sodass beim Schullei-
ter die Fäden zusammenlaufen.

d) Kommunizieren

Heute genügt es nicht mehr gute Schule zu machen, man muss es auch darstellen und sogar nachweisen können. Das mag manchem mühselig erscheinen, ist es zugegebenermaßen auch oft, aber es dient auch der Reflexion dessen, was man tut und plant, führt insgesamt - das ist meine eigene Erfahrung - zu strukturierterem Arbeiten und hilft somit auch wieder Energien einzusparen. Die Darstellung der eigenen Arbeit nach draußen ist wichtig, weil wir als Schule mit anderen Schulen verglichen werden, ob uns das nun gefällt oder nicht.

Außenwirkung der Schule

Zur Außenwirkung einer Schule trägt vieles bei: Das kann ein schönes Schulgebäude sein, eine attraktive und informative Homepage, Erfolge bei Schülerwettbewerben, kulturelle Veranstaltungen in der Schule usw. usf. - den größten Einfluss auf das Bild, das die Schule nach außen bietet, haben aber Sie, liebe Kolleginnen und Kollegen, durch die Art und Weise, wie

Sie im Unterricht mit den Kindern umgehen, wie Sie Ihre Klasse ‚managen', um es auf Neu-Deutsch zu sagen, denn darüber wird zu Hause am Tisch, im Freundeskreis und in der Öffentlichkeit gesprochen.

Das ist auch die Grundlage eines guten Schulklimas. Es gehört aber noch ein bisschen mehr dazu:

- Wir Kollegen/-innen sollten miteinander reden und nicht übereinander!

- Interna müssen auch intern bleiben! Das heißt, wenn jemand mit irgendetwas im Haus nicht zufrieden ist, sollte er / sie versuchen, das Problem intern zu lösen und nicht öffentlich über die Schule schimpfen, auch nicht über Kollegen, den Chef miteingeschlossen. Ich hoffe sehr, dass, falls jemand ein Problem mit mir hat oder mit dem, was ich tue, damit zu mir kommt, um über die Problematik zu reden, statt über mich – vielleicht auch noch vor Schülern zu schimpfen.

Wenn Kollegen über andere Kollegen vor Schülern schimpfen und Negatives sagen, begehen sie aus meiner Sicht einen pädagogischen Kardinalfehler, beschädigen die Schule, das Kollegium und auch sich selbst!

..."

Wie bekomme ich eine Institution / Schule schnell 'in den Griff'?

Das ist relativ einfach, wenn der Vorgänger oder die Vorgängerin im Amt sich beim Kollegium und den Schülern (meist auch bei den Eltern) unbeliebt gemacht hat, wenn man also die neue Stelle quasi als Heilsbringer antritt. Das war bei mir zwei Mal der Fall, bei meiner ersten Leiterstelle an einer deutschen Auslandsschule und dann einmal im innerdeutschen Schuldienst.

An der Auslandsschule hatte sich mein Vorgänger, der pikanterweise sogar der Wunschkandidat des Schulträgers gewesen sein soll, schon nach einem Jahr mit der örtlichen Vertreterin des Trägers so überworfen, dass man teilweise nur noch schriftlich miteinander kommunizierte. Das führte zu einer Polarisierung des Kollegiums, das unter diesem Zustand ziemlich litt, sodass man große Hoffnungen in den neuen Schulleiter setzte, der diese dann auch erfüllte. Die Vertreterin des Schulträgers vor Ort sagte schon nach zwei Wochen zu mir: „Erstaunlich, wie schnell sie fest im Sattel sitzen!" Ein schöneres Kompliment kann es für einen neuen Schulleiter nicht geben.

An einer innerdeutschen Schule, die ich leitete, hatte sich vor allem der Personalrat mit der Chefin überworfen, sodass er zeitweise komplett zurückgetreten war. Die Schulleiterin, so wurde es mir berichtet, sei beispielsweise nach Unterrichtsstunden von Kollegen in die Klassen gegangen und habe die Schüler direkt befragt, was sie von der betreffenden Lehrkraft halten. Sie wurde auch dabei beobachtet, als sie während des Unterrichts an einer Klassenzimmertür horchte.

Mit solchen Charaden macht man sich als Schulleiter selbst die Hölle heiß.

An einer anderen innerdeutschen Schule, die ich zur Leitung übernahm, lagen die Dinge anders. Mein Amtsvorgänger, der an der Schule schon ‚normaler' Lehrer gewesen war, bevor er auf dem Umweg als Chef eines Gymnasiums eines benachbarten Ortes wieder an seine Stammschule zurückkam, war bei vielen Lehrern, Schülern und Eltern sehr beliebt.

Was ihn ein paar Sympathiepunkte gekostet hatte, war die Tatsache, dass er sich in eine Junglehrerin seiner Schule verliebt hatte, die daraufhin von der Schule wegversetzt wurde.

Dieses Verhältnis war Tagesthema in vielen Lehrerzimmern des Bezirks, v. a. auch deshalb, weil bekannt wurde, dass die Junglehrerin in ihrer Vergangenheit schon einmal ein Verhältnis mit einem Oberstudienrat hatte, der sich wegen ihr scheiden ließ, aber dann von ihr verlassen wurde. Die sarkastischen Kommentare, die allenthalben in den Lehrerzimmern zu vernehmen waren, will ich Ihnen, liebe Leser*innen, ersparen.

Trotz dieser dienstlichen Verfehlung des Schulleiters hielten vor allem sein ehemaliger Stellvertreter und ein ehemaliger Mitarbeiter im Direktorat in geradezu vasallischer Treue zu ihm. Einen kleinen Teil dieser Solidarität hätte ich mir sehr gewünscht, aber es verhielt sich, wie es eine Kollegin treffend ausdrückte, „Bei den beiden hatten Sie von Anfang an keine echte Chance."

Mir persönlich kam in dieser Situation der Zufall zu Hilfe.

Ein ehemaliger Schüler von mir, den ich noch aus meiner Referendarzeit in München kannte und der an meinem neuen Schulort wohnte, erfuhr von meinem Wechsel an seinen Ort. Er war Journalist geworden und schrieb zu meinem Einstand an der neuen Schule einen Riesenartikel für die örtliche Presse, in der mein ganzer Lebenslauf und auch seine äußerst positiven persönlichen Erfahrungen mit mir als Lehrer geschildert wurden. Ich kam da außerordentlich gut rüber - auslandserfahren, sportlich sehr erfolgreicher Hintergrund, guter Lehrer - und wurde im Ort quasi wie ein ‚Star' angesehen. Das machte es für meinen Stellvertreter und den Mitarbeiter schwer, mich direkt anzugreifen.

Jetzt bin ich ein wenig vom eigentlichen Thema abgeschweift, aber mit Absicht, denn ich wollte zeigen, dass es Unwägbarkeiten und Konstellationen geben kann, die die besten Theorien und Führungswerkzeuge beeinträchtigen können.

Führungswerkzeuge ist das Thema, das ich ansteuere. Mit am Wichtigsten ist es, Klarheit zu schaffen, wer wofür zuständig ist. Deshalb habe ich an jeder Schule, die ich leitete, als Erstes einen Geschäftsverteilungsplan aufgestellt und eine alphabetische Übersicht erstellt, wer was an der Schule macht. Das ist eine aufwändige Arbeit, aber ungeheuer wichtig, da sie den komplexen Schulbetrieb nachvollziehbarer und transparenter macht.

Ein Geschäftsverteilungsplan muss sowohl für die Mitglieder der Schulleitung als auch für das Sekretariat erstellt werden.

Meistens gibt es schon solche Pläne an Schulen, zumindest in Ansätzen, aber durch eine Neuordnung kann man als Chef Schwerpunkte setzen und eine Neuordnung verhindert auch, dass Strukturen verkrusten. Das ist auf alle Fälle zu vermeiden, denn das verhindert Kreativität, beeinträchtigt Erneuerung ganz generell. Nicht umsonst sind manche Kollegien sehr sperrig, denn die Tendenz geht dazu, dass, wenn jemand einmal eine Aufgabe innehat, er diese oft bis zu seiner Pension ausübt. Solche Verkrustungen zu durchbrechen ist nicht einfach, aber es lohnt sich.

Exkurs:
Im Zug nach Alexandrien oder wie ich ei-
nen Schulleiterkollegen beobachtete

"Der Zug nach Alexandrien -

mit dem musst du mal fahren,

unheimlich entspannend,

landschaftlich ein Genuss!"

Heute fahre ich damit,

aber es ist schon stockdunkel,

nix mit der Landschaft.

Mein Nachbar versucht

vergeblich

einen Strohhalm in eine Getränketüte

einzulochen.

Keine Chance oder erlernte Hilflosigkeit?

Eine junge Ägypterin,

Traumfigur,

nettes Lächeln auf den üppigen Lippen,

nimmt ihm die Tüte aus der Hand,

greift nach dem Strohhalm

und steckt ihn rein -.

Mein Nachbar kann seinen Durst stillen.

Die ständigen Stellvertreter
der Schulleitung

An drei mittelgroßen Schulen mit bis zu 1.200 Schülerinnen und Schülern und rund 100 Kolleginnen und Kollegen war ich Schulleiter.

Mit meinen Stellvertretern bzw. Stellvertreterinnen hatte ich aus meiner Sicht leider nur wenig Glück. Das ist aber teilweise systembedingt. Erstens kann man sie nicht aussuchen, denn in der Regel sind sie schon auf der Planstelle, wenn man eine Schulleitung übernimmt, und zweitens haben sie sich meistens auch auf die Leiterstelle beworben, sind aber bei der Bewerbung unterlegen. Da liegt es in der Natur der Sache, es dem neuen Chef nicht leicht zu machen, vor allem wenn der gescheiterte Stellvertreter sich selbst als die bessere Lösung angesehen hätte.

Diese Situation erwartete mich bei meiner Rückkehr aus dem Auslandsschuldienst. Der Stellvertreter, der schon viele Jahre auf dem Posten saß, hatte sich auch beworben und von meiner Vorgängerin im Amt eine hervorragende Beurteilung bekommen. Klar, dass er enttäuscht war, den Posten nicht zu bekommen.

Hausbesetzungen, d.h. dass ein Kollege oder eine Kollegin aus dem Haus die Schulleitung übernehmen konnte, waren vor ein paar Jahrzehnten noch so gut wie ausgeschlossen. In der Zwischenzeit aber, nachdem sich das Ministerium immer schwerer tut, geeignete Führungspersönlichkeiten für die Schulleitungen[10] zu finden, haben hausinterne Bewerber durchaus eine Chance, die Führung an der eigenen Schule zu übernehmen. Wenn sie einem externen Bewerber unterliegen und dieser die Schulleiterstelle bekommt, kommt es zu der erwähnten unangenehmen Situation, dass der neue Chef gegen seinen ständigen Stellvertreter ankämpfen muss, der seinen Missmut über die Bewerbungsniederlage am neuen Chef mit den verschiedensten Strategien abreagiert.

Mein Stellvertreter an einer meiner Schulen hatte sich die Strategie des ‚Dienst nach Vorschrift' zurechtgelegt, d. h. er

---

[10] Vgl. Kapitel „Das perfide System der Überforderung …" – Ich persönlich wurde von ehemaligen Kollegen auf meine Schulleitertätigkeit häufig so angesprochen: „Warum tust du dir das an? Wegen der bisschen Schmutzzulage?" Es wurde also darauf angespielt, dass die Schulleitertätigkeit als „schmutzig" erachtet wird und obendrein noch schlecht bezahlt. Vor allem das Letztere entspricht den Tatsachen, wie ich meine.

tat nur das, was er unbedingt tun musste. Gott sei Dank hatte ich zwei weitere Mitarbeiter in der Schulleitung, die sehr loyal agierten und mich unterstützten, aber dennoch musste ich mir überlegen, wie ich mit der Situation umgehen sollte, denn den Stellvertreter einfach kalt zu stellen und seine Aufgaben auf andere Schultern zu verteilen, wäre unfair gegenüber diesen gewesen und auch als ein Zeichen von Führungsschwäche angesehen worden.

Ich bat meinen Stellvertreter zu einem Vieraugengespräch, an dessen Ende er mir, mit glänzender Stirn, mitteilte, dass er sich auch auf die Leiterstelle der Schule beworben habe. Das war ein kleiner Sieg für mich, denn er wusste nicht, dass ich ohnehin schon von höherer Stelle über seine Mitbewerbung informiert worden war. Ich sagte ihm, dass ich fest mit seiner Unterstützung rechne, sein Knowhow brauche und davon ausgehe, dass er mit seiner ganzen Kraft mithelfe, den ramponierten Ruf der Schule[11] zu verbessern. Ich appellierte also an seine Eitelkeit und das half auch eine Weile sehr gut, denn

---

[11] Zur Situation der Schule muss gesagt werden, dass die Schülerzahlen unter meiner Vorgängerin kontinuierlich zurückgegangen waren, da sich die Schule den Ruf einer Vogel-friss-oder-stirb-Anstalt erworben hatte und die Konkurrenz im Umkreis sehr stark war.

er wollte sich nicht nachsagen lassen, dass er bestimmte Aufgaben nicht meistere oder schlechte Arbeit abliefere. Dass er aber auch Eigeninitiative entwickelte, konnte ich nicht erreichen, ich musste ihm Arbeiten, Aufgaben übertragen und dann konnte ich mich auch darauf verlassen, dass er die zuverlässig erledigte. Immerhin etwas.

Aber ich wusste, dass ich immer wachsam sein musste, denn mein Stellvertreter war auch in der Politik aktiv und von daher war er mit allen Wassern gewaschen und ein Meister des Taktierens. Er hoffte, dass er bei den anstehenden Kommunalwahlen Bürgermeister der Kreisstadt werden könnte und das war auch meine Hoffnung, ihn elegant loszuwerden.

Leider ging diese Rechnung nicht auf. Er fiel bei den Wahlen gnadenlos durch, obwohl sein Widersacher bestimmt keine Leuchte war, wie man allgemein hörte, aber mein Stellvertreter konnte keinen Draht zu den Leuten aufbauen, was angesichts der Tatsache, dass er im Lehramt war, schon erstaunt. Aber nicht alle Lehrer können mit Kindern bzw. Leuten überhaupt umgehen. Das ist eine Erkenntnis, die fast alle Schüler und Schülerinnen und deren Eltern machen (müssen) und viele verzweifeln lässt.

Die Wahlniederlage machte meinem Stellvertreter arg zu schaffen.

Dann ereignete sich etwas, das die Situation veränderte. Bei einem Virenscan des Computersystems der Schule stellte sich heraus, dass das Schulnetzwerk partiell mit Viren befallen war. Was sich überdies herausstellte war, dass der stellvertretende Schulleiter sich Bilder aus dem Internet geladen und diese zuhauf in Farbe ausgedruckt hatte. Die Druckdaten und -bilder waren in den temporären Netzwerkverzeichnissen noch erhalten.

Ich überlegte lange, wie ich nun vorgehen sollte. Der einfachste Weg wäre gewesen, den Sachaufwandsträger, den Landkreis, zu informieren. Das wäre wohl das Ende der Karriere des Stellvertreters gewesen, denn immerhin hatte er sich zahlreiche Bilder ausdrucken lassen, wobei ein Ausdruck etwa einen Euro kostete. Supermarktkassiererinnen sind bekanntlich schon wegen Unterschlagungen im Cent-Bereich entlassen worden.

Meine Sorge war, dass das den Ruf der Schule endgültig ruiniert hätte und so bin ich nicht diesen Weg gegangen, sondern habe den sogenannten Dienstweg eingeschlagen, habe den Ministerialbeauftragten informiert und der wiederum hat das Kultusministerium eingeschaltet. Die Rechtsabteilung des Ministeriums hat sich die Bilder, die wir auf einer CD gesichert hatten, angesehen und kam dann zum Entschluss, dass ich eine Disziplinarstrafe verhängen solle.

Mein Stellvertreter hat sich bei mir bedankt, dass ich die Angelegenheit nicht aufgebauscht habe und meinte, das rechne er mir hoch an.

Nun, im Rückblick kann ich sagen, dass der Vorfall der Schule nicht geschadet hat, weil alles unter dem Deckmantel der Verschwiegenheit gehalten werden konnte und die Schülerzahlen stiegen kontinuierlich an, aber mein Stellvertreter änderte sich eigentlich nicht, war zwar größtenteils loyal, zeigte aber nicht die geringste Spur von Demut.

Als Gipfel der Unverfrorenheit empfand ich, dass er sich erneut auf die Leiterstelle der Schule bewarb, nachdem ich die Schule verlassen hatte. Zur Beruhigung kann ich konstatieren, dass er auch bei dieser Bewerbung scheiterte.

Als Schulleiter einer deutschen Auslandsschule im Nahen Osten hatte ich einen Stellvertreter, der sich zunächst äußerst kooperativ und hilfsbereit zeigte, sodass ich große Hoffnungen in ihn setzte. Bald stellte sich jedoch heraus, dass er ein "Ja, aber ..."-Mann war. Jedes Mal, wenn ich ihn in die Planung zur Gestaltung des Schullebens einbeziehen wollte, kam ein "Ja, aber ..."

Einmal ist mir der Kragen geplatzt und mir entfuhr ein "Ich brauche Hoffnungs- und keine Bedenkenträger!".

Er verlängerte seinen Vertrag nicht und so machte er Platz für eine Nachfolgerin, mit der die Zusammenarbeit eine Freude war.

Probleme mit den ständigen Stellvertretern bzw. –vertreterinnen hatte nicht nur ich. Aus vielen Gesprächen mit Schulleiterkollegen/-innen kenne ich die Kampfsituationen, die da entstehen.

Charaktere und Typen

Man hört oft, dass es heutzutage unter den Lehrerinnen und Lehrern keine echten „Typen" mehr gebe, sie seien alle angepasst und stromlinienförmig, die Erziehung zur Anpassung[12] habe bei ihnen voll durchgeschlagen.

Da ist etwas Wahres daran. Der Wust an Regularien, Vorschriften und Ordnungen, die den Schulbetrieb einengen und kanalisieren, hat dazu geführt, dass Lehrkräfte oft wegen Kleinigkeiten sanktioniert werden, etwa falls ihnen mal ein Schimpfwort wie „Du Hornochse!" rausrutscht, wenn ein Schüler partout etwas nicht kapiert.

Solche Ausdrücke waren früher gang und gäbe, der Rang eines Lehrers wurde auch daran gemessen, wie innovativ und kreativ er beim Erfinden von solchen Ausdrücken war. Ich kann mich noch an einen Lehrer meiner Schulzeit erinnern, mit dem wir uns bestens verstanden, der uns aber als

---

[12] Alice Berg, Martin Buchholz, Luc Jochimsen, Claus H. Meyer, Eckart Spoo, Fritz Vilmar, **Erziehung zur Anpassung: Über die Dressur des Mensche**n (München, 1973)

„Waschweiber", „Napfsülzen", „kleinste Brauerei der Welt - dreißig Flaschen" usw. usf. titulierte.

Mit solchen Verbalinjurien darf man den Schülern heute nicht mehr kommen, denn in jeder Klasse gibt es ein paar Sensibel-chen, die durch solche Bezeichnungen für ihr Leben lang psy-chisch gestört würden. Und tatsächlich ist es auch so, dass Bemerkungen der Lehrkräfte von den Schülerinnen und Schü-lern meist sehr ernst genommen werden. Das unterschätzt man als Lehrer leicht und kann so mit unbedachten Bemer-kungen großen Schaden anrichten.

Die Zeiten haben sich geändert, Leute sind heute viel emp-findlicher und empfindsamer, auch meine ich, dass trotz oder gerade wegen der „sexuellen Revolution" eine neue Prüde-rie[13] entstanden ist, die Toleranzschwelle für Verhalten, das nicht der Norm entspricht, ist gesunken. Dazu kommt das Phänomen der Helikopter-Eltern[14], die bereit sind, alle ge-

---

[13] http://www.zeit.de/2014/35/pruederie-pornografie-sittenmoral-heuchelei

[14] M.D. George Glass, M.D. George Glass, David Tabatsky, David Tabatsky, **The Overparenting Epidemic. Why Helicopter Parenting Is Bad for Your Kids . . . and Dangerous for You, Too!** (Skyhorse Publishing, 2014)

richtlichen Instanzen zu bemühen, um ihren Sprössling vor jedweder Unbill zu schützen.

Aber ich habe beobachtet, dass es sie doch noch gibt, die „Typen", wie man sagt, und komische Kauze, schräge Erscheinungen und dergleichen meint. Das Schräge, Komische, das die Norm Sprengende kommt nur nicht mehr so offensichtlich zum Ausdruck und Vorschein.

Auf Grund der enger gewordenen Rahmenbedingungen ist das Verhalten der „Typen" subtiler geworden, aber es hat sich nicht in Luft aufgelöst, wie ich mit einigen Beschreibungen solcher „Typen" zeigen will.

Ich fange mit einem an, mit denen ich mit am meisten zu tun hatte, mit einem von meinen Stellvertretern. Mein erster Stellvertreter war der stets beflissene, der es jedem recht machen will und damit oft das Gegenteil von dem erreicht, was er will. Wenn beispielsweise etwas schieflief, schoss er wie eine wild gewordene Fliege umher, statt ruhig und besonnen Schadensbegrenzung zu betreiben. Ein Besucher der Schule, der das einmal beobachtete, fragte mich, ob mein Stellvertreter ein nervliches Problem habe. Seine Fahrigkeit, gepaart mit einer, wenn aufgeregt, hohen Stimmlage, war für mich aber kein Problem. Mein Problem mit ihm war, dass er es sich angewöhnt hatte, bei jedem Vorschlag, der ihm unterbreitet wurde, mit einem „Ja, aber ..." zu antworten. Das hatte ihn für mich als Stellvertreter nur eingeschränkt brauchbar gemacht, aber es gab eine Oberstufenkoordinatorin an der Schule, die zwar nicht nominal, aber funktional seine Rolle übernahm.

Sein Unterricht allerdings war einwandfrei, das muss man ihm zu Gute halten und er initiierte sogar ein Mathematikprojekt, das dem Ruf der Schule diente. Nun, das war auch sein Projekt und als er zu mir kam, sagte ich nicht „Ja, aber ...", sondern fragte ihn, wie ich ihn bei der Durchführung unterstützen könne.

Auch fast schon archetypisch erschien mir die Leiterin der Grundschulabteilung an der Schule, die schon im etwas reiferen Alter von 56 war und zusammen mit meiner neuen, 30-jährigen Stellvertreterin an die Schule kam. Schon in den Bewerbungsunterlagen war mir aufgefallen, dass das Bewerbungsfoto sehr auf jugendlich getrimmt war, aber die Meriten und die Erfahrung, die sie vorweisen konnte, stachen die Mitbewerber aus.

Praktisch jedem erging es so wie mir, als ich ihr zum ersten Mal persönlich begegnete: Ich war fast atemlos, nein nicht auf Grund ihrer Schönheit, die zweifellos auch vorhanden war, sondern auf Grund ihres Mutes, sich in der Pose einer Jungakademikerin zu präsentieren.

Bei den arabischen Schülerinnen waren die knallblonden Haare der Hit und glücklich schätzten sich diejenigen, die sie einmal anfassen durften. Die meisten Erwachsenen allerdings schmunzelten über den Jugendkult der neuen Grundschulleiterin, aber diese war darin so ge- und befangen, dass sie davon nichts mitbekam oder auch mitbekommen wollte. Sie gerierte sich als richtige ‚Alpha-Lehrkraft' und hätte am liebsten eine Schule in der Schule aufgemacht, deren Leitung sie übernehmen wollte. Es dauerte ein wenig, bis sie realisierte, dass sie nur die Leiterin einer von mehreren Abteilungen der Schule war und nicht ihr eigenes ‚Süppchen' kochen konnte.

Spaßeshalber sagte ich einmal im Kreis der Kollegen, als sie auch dabeistand: „Ich habe ein gutes Geschäft gemacht. Den 60jährigen ehemaligen Stellvertreter habe ich gegen zwei dreißigjährige Frauen in der Schulleitung eingetauscht." Alle hatten den Witz verstanden, eine nicht.

Ich bin aber sehr gut mit ihr zurechtgekommen, denn sie verstand ihr Metier hervorragend und, hatte es unter ihrem Vorgänger in der Grundschulleitung öfters Beschwerden gegeben, so war nun Ruhe an dieser Front.

Aus Dankbarkeit dafür und aus Rücksicht auf meine Stellvertreterin ließ ich beiden Damen ein eigenes Büro einrichten, denn es kam immer wieder zu kleinen Nicklichkeiten, solange sie sich ein Büro teilen mussten.

Was mir auch am Schulbetrieb insgesamt aufgefallen ist, ist, dass es in jedem Kollegium mindestens eine Lehrkraft gibt - meistens ist es ein Mann -, die olfaktorisch prominent ist, will sagen, die Körpergeruch verbreitet oder, was nicht weniger lästig ist, das Odium des viel zu üppig verwendeten süßen Parfüms oder Aftershaves.

Am strengsten roch ein Kollege an einer Schule, an der ich Mitarbeiter im Direktorat war. Er war bestimmt reinlich und duschte jeden Tag und dennoch stank er wie eine Büffelherde. Auch tat er so, als wüsste er nicht, dass alle es wissen. Dabei musste er es aber wissen, denn ein Abiturkurs hatte ihm zum Abschluss bei der Abiturfeier vor versammeltem Publikum ein Körperreinigungsset mit Wurzelbürste geschenkt - eine Frechheit und ein Affront, wie ich meine, aber jeder Pädagoge weiß, dass Schüler manchmal grausam sind, weniger als Einzelne - da sind sie eher engelsgleich - aber als Gruppe.

Ich selber habe mich einmal bei einem Besucher für den unangenehmen Geruch in meinem Dienstzimmer entschuldigt, weil ich nach einem Gespräch mit dem ‚anrüchigen' Kollegen nicht mehr dazugekommen war zu lüften, aber der Besucher meinte nur schmunzelnd „Ich habe ja gesehen, wer gerade bei Ihnen war!"

Intrigen und andere unschöne Dinge

Zum Teil sind Intrigen institutionell vorprogrammiert, wie ich im Kapitel über die ständigen Stellvertreter dargelegt habe, nämlich, wenn es erlaubt ist, dass sich die stellvertretenden Schulleiter auf die Leiterstelle an der eigenen Schule bewerben können. Oft unterliegen sie im Bewerbungsverfahren und der neue Chef kann sich dann nicht selten mit einem frustrierten Stellvertreter herumschlagen, der sich selbst auf dem Chefposten sieht. Das ist eine ganz unglückliche Konstellation, die man im Ministerium überdenken sollte. Da wird viel Energie verschwendet, die man für andere Dinge gut gebrauchen könnte.

Wen ich manchmal als bedrückend und demotivierend erlebt habe, sind die sog. Fachleiter.

Fachleiter sind an bayerischen Gymnasien für bestimmte Fächer zuständig, d. h. sie korrigieren die Schulaufgaben nach (Fachrespizienz), sie halten Fachsitzungen mit den Kollegen/innen einer Fachschaft ab, organisieren schulinterne Fortbildungsmaßnahmen und werden künftig vielleicht auch

Personalverantwortung übernehmen, wenn sie die Beurteilung von Kollegen übernehmen.

Die Negativerlebnisse stammen noch aus meiner Zeit als ‚normaler‘ Lehrer. Den Vogel schoss sozusagen der Fachleiter Englisch an meiner ersten Schule in Wilsburg ab. Bei der Nachkorrektur der Schulaufgaben monierte er mit seinem Grünstift auch ‚übersehene Fehler‘, die gar keine Fehler waren. Er schrieb zu jeder Schulaufgabe ellenlange Kommentare, mit denen er seine Fachkollegen/-innen auf seine Korrekturmethode einnordete.

Sein Korrektursystem wurde zwar weder von Schülern noch Eltern verstanden, aber das war wohl seine Absicht, um Ein- und Widersprüche einzudämmen. Seine Korrekturmethode hätte ich persönlich zwar gerade noch schlucken können, aber nicht, dass er mir Fehler ankreuzte, die nachweislich keine waren.

Dazu eine kleine Anekdote aus einer Lehrerfortbildung, die ich einmal besuchte. Die anwesenden Englischlehrer wurden gebeten, drei kurze englischsprachige Texte auf orthographische und grammatikalische Richtigkeit zu überprüfen und Fehler zu markieren. Ich fand damals vier Dinge, die ich nicht hätte durchgehen lassen, andere fanden bis zu 27 Fehler. Die Überraschung war groß, als der Fortbildungsleiter, ein Engländer, meinte, die Texte seien fehlerfrei, sie enthielten nur verschiedene Varianten des Englischen und seine Schlussfolgerung war, dass Lehrer zu viele Fehler anstreichen. Da konnte ich ihm nur zustimmen.

Ich persönlich finde die Korrekturmaschinerie, die sich an den Schulen etabliert hat, ohnehin übertrieben. An einem bayerischen Gymnasium werden die Schulaufgaben bzw. Klausuren zunächst vom Fachlehrer korrigiert. Der nächste Schritt ist dann, dass die Aufgaben vom Fachleiter nachkorrigiert werden, zwar nicht immer alle, aber doch nicht wenige Stichproben.

Damit aber nicht genug. Die vom Fachlehrer und dem Fachrespizienten korrigierten Arbeiten werden noch einmal von der Direktoratsrespizienz durchgeschaut. Das ist entweder der Direktor selbst oder ein beauftragter Mitarbeiter des Direktorats.

Damit sind wir aber immer noch nicht am Ende der Korrektur-Fahnenstange. In regelmäßigen Abständen fordert die Dienststelle des Ministerialbeauftragten Schulaufgabensätze aus verschiedenen Jahrgängen und Fächern an, um sie noch einmal nachzukorrigieren.

Bei Staatsexamensarbeiten, bei denen es um viel mehr geht als bei den Klassenarbeiten und Klausuren am Gymnasium, wird bei weitem kein solcher Aufwand betrieben.

Noch dazu ist vom Lernpsychologischen her die bestehende Korrekturweise, nämlich Fehler mit rot zu markieren oder anzustreichen, höchst umstritten und fragwürdig. Durch das Markieren der Fehlleistungen werden diese nämlich in das Bewusstsein des Schülers gehoben und verfestigen sich dort, sodass die Fehler beim Lernenden nicht behoben, sondern eher verstärkt werden. „Seit 35 Jahren machen meine Schüler dieselben Fehler!", räsonierte einmal ein frustrierter Oberstudienrat.

Ich habe auf diesen Missstand bei zahlreichen Tagungen hingewiesen, man hat mir auch interessiert zugehört und zugestimmt, geändert hat sich allerdings nichts, denn die beschriebene Korrekturmaschinerie hat längst ein Eigenleben und einen unanfechtbaren Eigenwert im System erlangt.

Manche Fachbetreuer nutzen das bisschen Macht, das sie haben, um Kolleginnen und Kollegen zu drangsalieren und um ihren geistigen Platzhirschurin zu verspritzen, so wie es mein erster Fachleiter Englisch in Wilsburg getan hat. Das Gute daran war, dass ich dadurch selber den Ehrgeiz entwickelte, im System aufzusteigen, was ich ursprünglich gar nicht vorhatte, denn ich unterrichtete leidenschaftlich gerne.

Etwas Ähnliches wie in Wilsburg widerfuhr mir, als ich vom ersten Auslandseinsatz im Norden Europas zurückkam. Der amtierende erste Fachleiter hatte sich praktisch unanfechtbar etabliert und kein Fachkollege traute sich auch nur im Geringsten aufzumucken.

Irgendwie hatte er scheinbar mitbekommen, dass Schüler zu mir kamen, wenn sie fachliche Fragen hatten. Einmal fragte ich einen Schüler, warum er zu mir komme, wo ich doch ganz neu an der Schule sei und ich ihn gar nicht persönlich im Unterricht hatte. Er sagte: „Es hat sich herumgesprochen, dass Sie am besten Englisch können."

Das konnte der erste Fachleiter nicht akzeptieren und so rief er mich gleich zu sich, als er meine erste Oberstufen-Klausur nachkorrigierte. „Ihr Text für diese Schulaufgabe ist viel zu kurz!", eröffnete er das Vieraugengespräch. Mein Schulaufgabentext hatte ca. 800 Wörter und dazu mussten verschiedene Aufgaben gelöst werden. Die Schulaufgabe war so konzipiert, dass sie in 90 Minuten bequem geschrieben werden konnte. Das war auch die einzige offizielle Vorgabe für Klausuren, sie mussten einen angemessenen Schwierigkeitsgrad aufweisen und innerhalb eines angemessenen Zeitrahmens zu bearbeiten sein. Eine Vorschrift für eine Mindest- oder Maximallänge des zu analysierenden Textes existierte nicht.

Was ich nicht wusste, da ich neu an der Schule war und es mir auch niemand gesagt hatte, war, dass der Fachleiter hausintern die Devise ausgegeben hatte, dass die Texte bestimmte Mindestlängen aufzuweisen hätten, in der Oberstufe mindestens 1.500 Wörter, damit die Schüler von Haus aus unter Druck arbeiten müssten und so die Konzentration aufrechterhalten würde. Wie gesagt, das war sein persönlicher pädagogischer Ansatz, den er im eigenen Haus durchgesetzt hatte.

Ich ließ mich auf keine Diskussion ein, sagte nur, es gebe keine Vorschrift was die Textlänge bei Schulaufgaben anbetrifft, außer dem Grundsatz der Verhältnismäßigkeit. Aber ich wusste, dass ich mich wappnen musste, denn er würde nach Schwachstellen bei mir suchen.

Ich wusste aber auch, dass er Schwachstellen haben musste, denn das gehört zum System der permanenten Überforderung aller am Gymnasium Beteiligten, das ich an anderer Stelle schon ausführlich beschrieben habe. Also machte ich mich unmittelbar in das Fachschaftszimmer auf und sah mit einem Blick, dass die Fachliteratur, Fachschaftsmedien und Vorschriftensammlungen alles andere als geordnet waren. Das trifft im Prinzip auf viele Fachschaften zu: Die bereit gestellten Bücher, Medien werden von allen benutzt, aber nicht von allen gepflegt und auch an den Entleihort zurückgebracht. Das ist implizit Aufgabe des Fachleiters, eine Sisyphus-Aufgabe, die nicht perfekt zu bewältigen ist.

Ich stürmte ins Lehrerzimmer, in dem sich auch der besagte Fachleiter aufhielt, und schrie: „Was ist denn das für eine Desorganisation im Fachbereich Englisch? Man findet überhaupt nichts!" Er war völlig konsterniert, kam beschwichtigend auf mich zu, legte seine Hand auf meinen herumfuchtelnden Arm und sagte, das könnten wir doch unter vier Augen besprechen, worauf ich noch einmal entrüstet brüllte: „So eine Desorganisation habe ich noch nicht erlebt!"

Der Kollege Fachleiter hatte aber verstanden. Er ließ mich fortan in Ruhe und als ich wenig später zum „Mitarbeiter" in der Schulleitung berufen wurde, zeigte er Respekt.

Und noch einmal Intrigantes ...

Die Leitung einer renommierten deutschen Auslandsschule übernahm ich unter ungünstigen Umständen.

Doch bevor ich darauf näher eingehe, möchte ich schildern, wie man überhaupt Leiter an einer anerkannten deutschen Auslandsschule werden kann, denn das wissen die wenigsten.

Die Leiterstellen werden, wie andere Funktionsstellen auch, ganz einfach im sog. Amtsblatt, das jede Schule erhält und das auch jeder Lehrer kostenlos als „Newsletter" beziehen kann, ausgeschrieben. Alternativ dazu kann man sich alle offenen Stellen auch auf der Webseite der Zentralstelle für Auslandsschulwesen (ZfA)[15] in Köln ansehen. Ich las von der betreffenden freien Stelle im Amtsblatt.

---

[15] www.auslandsschulwesen.de

Dass mir gerade diese Stelle ins Auge fiel, hatte mit meinem ersten Auslandsaufenthalt im Norden Europas zu tun. An jener Schule war ich Mitarbeiter in der Schulleitung und als ich eines Tages mit dem stellvertretenden Schulleiter in London telefonierte, stellte sich heraus, dass dieser mein Englisch- und Deutschlehrer in der 7. Klasse des Gymnasiums gewesen war. „Small world".

Ich meinte, London, das sei doch eine Traumschule, worauf er mir antwortete, nicht alles, was glänzt, sei auch Gold. Sein beruflicher Höhepunkt seien die 6 Jahre gewesen, die er an jener Schule im Orient verbracht habe, deren Leiterstelle jetzt ausgeschrieben war. Diese Bemerkung gab den Ausschlag, mich auf die Stelle zu bewerben und zwar auf dem Dienstweg, d. h. ich habe die ganzen Bewerbungsformulare, die ich mir von der ZfA hatte zusenden lassen, ausgefüllt und durch meinen damaligen Schulleiter über das Kultusministerium, das mir eine Freigabe erteilen musste, nach Köln geschickt. Parallel dazu hat die ZfA meine Bewerbung auch online vorab erhalten. Einige Wochen später wurde ich zum Schulleiterbewerbungsgespräch nach Köln eingeladen.

Das lief so ab: Ich erhielt ein Referatsthema, über das ich ca. zehn Minuten sprechen sollte, es hatte irgendetwas mit

Schulentwicklung zu tun. Für das Referat bekam ich eine Vorbereitungszeit von dreißig Minuten. Dann folgte das Gespräch über das Referat und die restliche Zeit stellte mir der Schulleiterfindungsausschuss, der aus neun Personen bestand, allgemeine Fragen, die mit dem Auslandsschuldienst zu tun hatten.

Ich bestand, denn wenige Wochen danach wurde ich vom Schulträger zusammen mit weiteren Bewerbern zu einem Vorstellungsgespräch eingeladen. Auch diese Hürde konnte ich nehmen, denn schon kurz nach meinem Gespräch mit den Vertretern des Schulträgers erhielt ich einen Anruf, dass ich die Stelle bekomme.

Meine Familie, die natürlich in mein Vorhaben eingebunden war – wir waren alle auch gemeinsam sechs Jahre im Norden Europas – reagierte unterschiedlich. Meine Frau zeigte sich begeistert, weil sie ohnehin sehr vielseitig interessiert und unternehmungslustig ist, und auch der ältere Sohn, damals 16 Jahre alt, sah das Ganze als Abenteuer, auf das er sich gerne einlassen wollte. Allein der jüngere Sohn hegte anfangs Bedenken, ließ sich dann aber mit kulturellen Argumenten überzeugen, schließlich wollte er einmal Archäologe werden. Ihm hat es letztendlich am besten von uns allen im Nahen Osten gefallen.

Was ich damals noch nicht im Detail wusste war, dass mein Vorgänger in Unfrieden nach nur zwei Jahren die Schule verlassen hatte und dass die Schule in der Zwischenzeit „kommissarisch" geführt worden war. Das bedeutete nichts Anderes als dass schwierige Entscheidungen auf die lange Bank geschoben worden waren und sich bei meinem Dienstantritt angestaut hatten.

Lernte ich bei der Schulleiterfortbildung in Köln noch als Kernsatz „Lassen Sie sich beim Dienstantritt mit Entscheidungen Zeit, beobachten Sie zuerst und lassen Sie die Dinge erst mal laufen!", so hieß es bei meinem Dienstantritt gleich „Herr Wurzer, Sie sind der Chef, bitte treffen Sie eine Entscheidung!".

So viel zum Unterschied zwischen Theorie und Praxis.

Eines der Probleme, die ungelöst waren, als ich den Dienst an der Schule antrat, war die finanzielle Schieflage des Haushalts. Gleich in meinem ersten Jahr musste ich mir eine nicht unbeträchtliche Summe vom Schulträger leihen, um über die Runden zu kommen, also die Gehälter der frei angeworbenen

Lehrkräfte und des Hauspersonals, das alleine schon rund 150 Personen umfasste, bezahlen zu können.

Beim Studium der Zahlen fiel mir auf, dass der Busbetrieb, der an vielen Auslandsschulen zum Verantwortungsbereich des Schulleiters zählt, mit den rund 25 Schulbussen hochdefizitär war. Insbesondere war erstaunlich, wie hoch die Reparaturrechnungen ausfielen - und das, obwohl wir selber eine schuleigene Werkstatt mit zwei Mechanikern hatten. Also nahm ich den Werkstattbetrieb als Erstes unter die Lupe. Und was ich da herausfand war schier unglaublich: Die beiden Mechaniker hatten selbst noch eigene Werkstätten an der Corniche el Nil, also an der Hauptstraße, die dem Nil entlangführt. Dort arbeiteten sie nachts und tagsüber schliefen sie sich in der Werkstatt aus, könnte man etwas überspitzt formulieren. Darüber hinaus hatten sie sich offensichtlich aus dem Ersatzteillager großzügigst bedient, wie eine Inventur ans Licht brachte. Es fehlten Ersatzeile im Wert von rund 70.000 Euro. Bei der Gelegenheit erfuhr ich auch, dass ein Mechaniker schon beim Diebstahl in flagranti erwischt worden war. Er sei auch fristlos entlassen worden, aber nachdem er mit seinem schwer behinderten kleinen Sohn bei den Vertretern des Schulträgers aufgetaucht sei, wurde die Entlassung rückgängig gemacht. Bei genaueren Recherchen, die ich anstellen ließ, stellte sich heraus, dass der Mechaniker überhaupt keinen Sohn hatte. Er hatte sich wohl das behinderte Kind ausgeliehen, um mit der Mitleidsmasche seinen Job zurückzubekommen.

Die beiden Mechaniker würden bei uns in Deutschland auf der Stelle fristlos entlassen, doch in Ägypten ist das nicht so einfach, wie ich durch Zufall bei einem Gespräch mit einem einheimischen Busunternehmer erfuhr. „Wenn Sie einen Arbeiter entlassen, kommt ein langwieriges Arbeitsgerichtsverfahren auf Sie zu, noch dazu, da Sie ein Ausländer sind. Wenn Sie jemanden loswerden wollen, müssen Sie ihn demütigen, damit er von sich aus geht!"

Diese Worte beherzigte ich, obwohl das eigentlich überhaupt nicht mein Stil war. Ich bestellte die Mechaniker zu mir und sagte zu ihnen: „Ihr seid keine guten Mechaniker, ihr könnt die Busse ja nicht reparieren, die müssen immer in die externe Werkstatt und das kostet Unsummen! Als Mechaniker kann ich euch nicht gebrauchen, aber ich brauche Putzmänner, denn in dieser großen Stadt mit dem Wüstenstaub in der Luft, wird immer alles schnell schmutzig. Darauf fielen die beiden zu Boden und küssten mir jammernd und flehend die

Füße, aber ich kannte inzwischen die orientalische Dramatik und ließ mich nicht beeindrucken. Als ich Ihnen eröffnete, dass ich bereit bin, ihnen eine kleine Abfindung zu geben und nicht die Polizei einzuschalten, wenn sie freiwillig gehen, überlegten beide kurz und nahmen an.

Obendrein legten sie noch ein Geständnis ab: Dass sie die Busse nicht reparierten, hänge mit dem Bus-Chef zusammen. Der habe eine Übereinkunft mit dem Boss der externen Bus-Werkstatt. Dort stelle man überhöhte Rechnungen und den Profit teile man sich.

So wurde ich auch den unfähigen Buschef los und konnte einen Neuanfang des Bus- und Werkstattbetriebs mit Hilfe frischen Personals herbeiführen. Zusammen mit einer Anpassung der Gebühren für die Busbeförderung, die auch längst überfällig war, wandelte sich der Busbetrieb von einem finanziellen Fass ohne Boden zu einem rentablen, sich selbst tragenden Zweig der Schule, der genug abwarf, um auch neue Busse anschaffen zu können.

So war ich in den ersten Monaten meiner Schulleitertätigkeit im Ausland mehr mit dem Bus- als mit dem Schulbetrieb befasst.

Beim Durchforsten der schulischen Akten nach defizitären Bereichen und Geldfressern bin ich auf eine ganze Reihe von Einsparungsmöglichkeiten gestoßen, aber eine möchte ich hier noch schildern, weil sie so unglaublich, aber doch wahr ist.

Auf der Beschäftigtenliste stand auch ein Ingenieur, der für die Pflege des Sprachlabors monatlich 800 Euro erhielt. „Sprachlabor?", denke ich bei mir, so eines habe ich an der Schule doch gar nicht gesehen. Ich rufe also meine Verwaltungsleiterin an und frage, ob ich bei der Schulbesichtigung das Sprachlabor übersehen hätte? „Nein, nein!", entgegnete sie, so eines haben wir seit 12 Jahren nicht mehr." „Was macht denn dann der Ingenieur Khaled hier an der Schule?", will ich wissen. „Der stellt die Schuluhren von der Sommerzeit auf die Winterzeit und umgekehrt um", höre ich.

Dann bitte ich die Verwaltungsleiterin, die schon seit vielen Jahren an der Schule ist, zu mir ins Büro. Ich lege ihr dar, dass der Schule, wenn man die Bezahlung dieser - man könnte fast sagen - Scheinbeschäftigung hochrechnet, ein Schaden von rund 120.000 Euro entstanden ist.

Nachdem ich weiß, dass die Verwaltungsleiterin ansonsten sehr tüchtig ist und niemand ohne Fehler ist, lasse ich die Sache auf sich beruhen und die Verwaltungsleiterin dankt es mir, indem sie eine meiner Stützen bei der Leitung der Schule ist.

Mit dem Schulträger hatte ich mich selbstverständlich abgesprochen. Die Devise lautete: „Wir schauen nach vorne und wollen keine Energie damit verschwenden, in der Vergangenheit zu graben!" Mir war das recht, denn ich war Pädagoge und nicht Archäologe bzw. Kriminalist.

Schon nach zwei Jahren gab es kein finanzielles Defizit mehr, sondern einen erklecklichen Überschuss, sodass endlich auch Rücklagen gebildet und Nutzungsentgelt an den Schulträger abgeführt werden konnte.

Interview mit einem Schulleiter einer deutschen Auslandsschule: „Hier werden Lebenschancen verteilt"[16]

Herr Peter Wurzer ist einer von den „neuen Köpfen", die an der Spitze wichtiger Institutionen in Ägypten ihren Dienst im vergangenen Jahr angetreten haben. Als Direktor der Deutschen Schule ... steht er einer Schule vor, die in seiner Amtsperiode ihr 100jähriges Jubiläum feiern wird. Im selben Boot sitzen fast 70 Lehrkräfte und über 800 junge Menschen, für die der erfolgreiche Besuch der Schule Wege öffnen soll in eine gesicherte berufliche Zukunft.

Sehr geehrter Herr Wurzer, Ihr Beruf hat Sie vor fast einem Jahr in den Nahen Osten geführt. Wie war für Sie der Einstieg?

Nachdem ich den ersten Kulturschock überstanden hatte und mich nach einem Probebesuch an der Schule entschieden hatte, den Vertrag zu unterschreiben, begann ich, mich an die Äußerlichkeiten wie Verkehr, Umweltverschmutzung und

---

[16] Das Interview, das hier mit redaktionellen Veränderungen, z. B. Änderungen der Namen, wiedergegeben wird, wurde von Frau Edith Brielbeck durchgeführt und erschien 2003 im Papyrus Magazin (http://papyrus-magazin.de/)

Lärmbelastung, die einem zunächst ins Auge springen, zu gewöhnen und fange mehr und mehr an, mich hier wohl zu fühlen.

Worin besteht für Sie der gravierendste Unterschied zu Ihrem bisherigen Leben: Dinge, die hier vor Ort nicht mehr machbar sind /Freizeit/Kultur/Sport?

Ich fühle mich hier überhaupt nicht eingeschränkt.

Was vermissen Sie hier?

Hier gibt es eigentlich alles außer Schnee.

Was genießen Sie hier?

Das Klima - besonders die Sonne (noch) - auch wenn ich mir vorher nicht vorstellen konnte, dass ich jemals bei 20 Grad frieren würde.

Wenn Sie morgen Besuch bekämen aus Deutschland, was sollte er mitbringen, um Ihnen eine Freude zu machen?

Gute Laune, Humor und Vollmilchschokolade.

Wie viele Jahre werden Sie voraussichtlich bleiben? Haben Sie eigene Kinder, die in Ägypten zur Schule gehen?

Ich habe einen Vertrag für 6 Jahre unterschrieben. Meine beiden Söhne, die 13 und 16 Jahre alt sind, gehen auf eine andere deutsche Schule und auch sie möchten nicht früher zurück. Mit dem dortigen Direktor stehe ich beruflich und privat in regem Kontakt. Es haben sich ein für die beiden Schulen fruchtbarer Erfahrungsaustausch und eine gute Zusammenarbeit entwickelt. ...

Können Sie sich noch an einen Ihrer eigenen Schuldirektoren erinnern? Hatten Sie mehr Respekt / ev. sogar Angst vor ihm als Schüler das heute normalerweise haben?

Ja, an Dr. Hauser mit seinen buschigen Augenbrauen, vor dem alle große Achtung empfanden. Er war sehr streng, aber gerecht. Das sind auch meine Ideale in Bezug auf pädagogisches Wirken. Ich bin obendrein für Offenheit und das Recht, seine Meinung sagen zu dürfen.

Waren Sie selbst ein "guter Schüler"? Haben Sie schon einmal eine 5 geschrieben?

Ja, ich war sogar einmal Schulbester, obwohl auch ich in der 10. und 11. Klasse eine faule Phase hatte, in der ich einmal eine 5 bekommen habe. Aber da meine Zeugnisnoten nie unter 3 gesunken sind, waren meine Eltern auch nicht sonderlich streng mit mir, sie waren, im Nachhinein betrachtet, eher zu tolerant. Meine Lieblingsfächer als Schüler waren Physik und Englisch. Studiert habe ich schwerpunktmäßig Englisch und Politikwissenschaften, da Physik nur zusammen mit Mathematik sinnvoll gewesen wäre - zu einseitig für meinen Geschmack. Ein weiterer Interessenschwerpunkt liegt im Bereich Computer/ Datenverarbeitung/ Informatik.

Wie hoch ist der pädagogische Anteil an Ihrer Arbeit? Welche Fächer unterrichten Sie hier?

Momentan habe ich eine 9. und 10. Klasse in Englisch. Auf Grund meiner Verpflichtung als Schulleiter, die umfangreiche Leitungs-, Verwaltungs- und Kommunikationsaufgaben beinhaltet, spielt der Unterricht, gemessen am Gesamtvolumen meiner Arbeit nur noch eine kleine Rolle.

Welche Projekte/ Zielsetzungen haben Sie sich vorgenommen?

Ein Schwerpunkt meiner Arbeit, bei dem Pädagogik und Verwaltung sich überlappen, liegt im Bereich der „Thanaweya Amma" (= nationaler Abitur-Zweig), wo wir an einem binationalen Pilotprojekt arbeiten, d.h. wir streben an, dass die reformierte „Thanaweya Amma" in Deutschland als Fachoberschulabschluss anerkannt wird. Die Schülerinnen des „Thanaweya-Amma"-Zweiges erwerben auf diese Weise mit der „Thanaweya Amma" einen Zugang zu den deutschen Fachhochschulen, von denen sie unter gewissen Voraussetzungen sogar auf jede allgemeine Universität wechseln können. In diesem neuen Zweig mit den Schwerpunkten Sprachen, Wirtschaft und Informatik soll der Computerunterricht intensiviert werden. Wir denken gerade über neue Ausstattungen mit Computern nach. Möglich wäre z. B. einen weiteren Computerraum einzurichten oder die Anschaffung von Laptops, die über ein Funknetzwerk in Verbindung stehen. Dieses Modell wird gerade von einem Kollegen in Landau a. d. Isar in Deutschland erprobt und würde uns unabhängiger von der Raumbelegung machen. Allerdings benötigen wir für dieses zukunftsweisende Modell, das den Unterricht und die Methodik revolutionieren würde, noch Sponsoren. Aber auch um Aufgaben wie die Konsolidierung des Busbetriebes muss ich mich kümmern. Hierzu gehören Einsatzplanung, Anschaffung neuer Fahrzeuge, Festlegung der Kompetenzen der einzelnen Busmannschaften usw.

Haben Sie bereits andere Auslandserfahrungen als Lehrer?

Ja, ich war bereits 6 Jahre im Norden Europas.

Möchten Sie hierüber noch kurz berichten? Besonders im Vergleich zu hier?

Das war ein Kontrastprogramm in jeder Hinsicht. Der Norden Europas ist ein Winterland und meine schönsten Erinnerungen hängen mit dem Winter und Skilanglauftouren durch herrliche, verschneite Winterlandschaften zusammen. Die Schule dort war eine sog. Expertenschule, also in erster Linie eine Schule von Deutschen für Deutsche. Die durchschnittliche Klassenstärke betrug 6-8 Schüler/innen. Sie können sich vorstellen, dass da Gruppenarbeit zum Problem wurde.

Wie unterscheiden sich die hiesigen Eltern gegenüber den Eltern in anderen Ländern, in denen Sie Direktor waren? Kooperativer, kritischer, gleichgültiger, autoritätsgläubiger ...?

Da die meisten Eltern einen deutschen Hintergrund haben, weil viele Mütter selbst hier zur Schule gegangen sind, sind sie doch relativ vertraut mit deutschen Vorstellungen und der Unterschied ist nicht so gravierend. Die Zusammenarbeit mit dem Elternbeirat sowie dem Förderverein ist sehr vertrauensvoll, vielleicht sind die Leute hier etwas autoritätsgläubiger als anderswo und meinen, man müsste mit jedem kleinen

Problem gleich zum Chef. Aber als Direktor muss ich auch delegieren und kann mich nicht um alles selbst kümmern.

Ein neuer Kindergarten-Jahrgang ist ausgewählt. Wie viele Bewerbungen gab es und wie viele haben es geschafft? Warum ist Ihrer Meinung nach der Anteil an deutschen Muttersprachlern an der Schule so niedrig?

Wir hatten rund 200 Bewerbungen und können 56 neue Kinder aufnehmen. Tatsächlich ist der Anteil der Kinder mit einem deutschen Elternteil relativ niedrig, was vielfältige Gründe hat, die hier aufzuzählen zu langatmig wäre. Deutsche Muttersprachler sind aber auch bei uns herzlich willkommen, schließlich führen wir unsere Schülerinnen zum deutschen Abitur bzw. künftig auch Fachabitur und stärken somit den Studienstandort Deutschland. Dass unsere Schule Großartiges im Bereich Kultur, Begegnung und Völkerverständigung leistet, möchte ich bei dieser Gelegenheit auch wieder ins Bewusstsein rücken. In früheren Jahren gab es noch größeren Andrang, aber mittlerweile gibt es viele Privatschulen in Ägypten und somit auch Alternativen für die Eltern. Dennoch ist es immer sehr hart, Absagen erteilen zu müssen. Wir sind uns durchaus bewusst, dass hier Lebenschancen vergeben werden...

Wie viele LehrerInnen sind an der Schule beschäftigt?

Wir haben zurzeit 17 amtlich vermittelte Lehrkräfte, 23 deutschsprachige Ortskräfte und 15 ägyptische LehrerInnen. Zurzeit herrscht auch kein Lehrermangel und die für das nächste Jahr benötigten Kräfte für die Fächer Mathematik, Physik und Englisch sind bereits gefunden und unter Vertrag.

Pädagogik hier im Land - stehen Ihnen dabei nicht manchmal die Haare zu Berge? Nachhilfe in Pädagogik - wäre das ein Thema für ihre ägyptischen Lehrer? Haben Sie schon einmal eine staatliche Schule besichtigt? Welche Missstände halten Sie für die gravierendsten (lieblose, schmutzige Räume, Klassengrößen, LehrerInnen-Niveau, Verhalten der Lehrer den Schülern gegenüber, Schläge, Ohrenziehen, Drohungen, Demütigungen, Zerstören von Schülereigentum, als Strafe Mäppchen oder Hefte an die Wand werfen, Stifte zerbrechen, sinnlose Strafarbeiten wie 100mal abschreiben usw.)? Wieweit können Sie diese Methoden von Ihrer Schule verbannen, bzw. erfahren Sie überhaupt davon? Für viele ägyptische Eltern ist das ja Normalzustand, über den sie sich nicht beschweren würden, wohingegen dies einer europäischen Mutter die Haare zu Berge stehen lässt.

Oh je, eine Menge Fragen, vermischt mit Unterstellungen, die ich persönlich nicht unterstreichen könnte. Nun ja, bei mir können nicht viele Haare zu Berge stehen, auch habe ich selbst noch keine staatliche Schule besichtigt, habe jedoch von Kollegen Berichte über den Schulalltag in völlig überfüllten Klassen bekommen, die mich schockierten. An unserer Schule sind mir solche gravierenden Dinge nicht zu Ohren gekommen - hätte mich auch gewundert. Die Wertvorstellungen innerhalb des Lehrerkollegiums passen sich durch die Zusammenarbeit ägyptischer und deutscher KollegInnen einander an, nicht zuletzt gelingt es uns, durch gemeinsame Fortbildungsveranstaltungen, die auch für alle Lehrkräfte verpflichtend sind, wichtige pädagogische und didaktische Grundsätze gemeinsam zu erarbeiten.

Schuluniform: Was halten Sie generell von einer Schuluniform?

Persönlich gesehen, empfinde ich es als Wohltat für die Augen. Wir wollen an dieser Schule Modenschau ebenso wenig wie Fixierung auf Markenkleidung, die die Eltern unter Druck setzt und einige Kinder ausgrenzen könnte. Unsere Schülerinnen sind geistig so farbig, da brauchen wir keinen Wettstreit um Accessoires.

Reine Mädchenschule - ist das noch zeitgemäß? Was sagt die Forschung dazu? Ist es vorstellbar, dass die Schule einmal koedukativ würde. Wer wäre dagegen?

Generell kann man sagen, dass nichts, was Menschen festgelegt haben, nicht auch von Menschen verändert werden könnte. Dennoch birgt gerade dieses Thema viel Zündstoff. Viele ägyptische Eltern, besonders Väter, wählen für ihre Töchter bewusst eine reine Mädchenschule aus, weil die Geschlechtertrennung ihrem Wertekodex besser entspricht. Dieser Nachfrage kommen wir mit unserem Schulangebot entgegen. Wer das nicht möchte, hat als Alternative andere deutsche Schulen vor Ort. Die nachgewiesene Benachteiligung von Mädchen in naturwissenschaftlichen Fächern / die Benachteiligung von Jungen in den sprachlichen Fächern fällt dadurch natürlich weg. Des Weiteren kann man auf diese Weise viele Reibungsverluste vermeiden, die durch das gegenseitige Sich-Profilieren-müssen vor den Kameraden und den Zugehörigen des anderen Geschlechtes entstehen. Die Kinder sind dadurch konzentrierter beim Unterricht. Überhaupt möchte ich hier einmal feststellen, dass man als deutscher Lehrer von solchen Schülerinnen nur träumen kann: Ihr hohes Niveau, ihre Leistungsbereitschaft und die Mitarbeit im Unterricht empfinde ich als sehr angenehm.

Ist es nicht vielmehr der Ehrgeiz der Eltern, der diese Kinder so leistungsfähig macht: Nicht wenige Kinder bekommen zusätzliche Nachhilfestunden, um weiterhin mitzukommen. Wie hoch ist der Prozentsatz der Schülerinnen, die Nachhilfe brauchen? Haben Sie darüber eine Statistik?

Nein, es wäre auch nicht einfach, verlässliche Antworten zu erheben.

Wie stehen Sie zu diesem Thema?

Ich halte ständige Nachhilfe für kontraproduktiv, da es die Kinder langfristig von der Mitarbeit im Unterricht abhält. Sie stellen keine Zwischenfragen mehr, wenn sie etwas nicht verstanden haben, wohl wissend, dass es ohnehin noch Nachhilfe gibt. Dadurch passen sie in den Stunden nicht mehr so gut auf, eventuell stören sie sogar, und der entsprechende Lehrer erhält kein echtes Feedback, da die Kinder, die seinem Unterricht nicht folgen können, sich auf die private Nachhilfe als Reparaturbetrieb verlassen... Wir versuchen, den Eltern diese Zusammenhänge plausibel zu machen und bitten sie um ihre Unterstützung. Als Beweis, dass es ohne geht, lässt sich anführen, dass im vergangenen Jahr gerade einige der Schülerinnen mit der höchsten Punktzahl im Abschlusszeugnis nie Nachhilfe bekommen haben. Da die Kinder zusätzlich zu dem langen Schultag und den Hausaufgaben noch einige Stunden pro Woche Nachhilfeunterricht haben, fehlen ihnen oft Zeit für ausgleichende Beschäftigungen, Hobbies und Sport.

Was tun Sie selbst für diesen Ausgleich?

Ich entspanne mich beim Laufen, das ich in den 80er Jahren als Leistungssport betrieben habe. Ich habe viele regionale Meisterschaften im Langstreckenlauf errungen und kann mich sogar mit dem Landesmeistertitel im Marathonlauf schmücken. Wenn es mein Terminkalender erlaubt, laufe ich mindestens zweimal wöchentlich, am liebsten durch das Wadi Digla. Da ich in Maadi wohne, liegt dies für mich nicht so weit entfernt.

Kennen Sie die Hash-House-Harriers, die sich immer freitags zum Laufen treffen?

Ja ich habe von Ihnen gehört, und auch schon am Mardi Gras Hash teilgenommen, momentan lerne ich jedoch immer freitags und sonntags Arabisch und kann nicht daran teilnehmen.

...

Gibt es soziale Härtefälle, dass Kinder die Schule verlassen müssen, weil die Eltern das Schulgeld nicht mehr aufbringen können? Welche Alternativen können Sie diesen Eltern vorschlagen?

Das ist ein sehr sensibles Thema. Aber meines Wissens ist es bisher noch nicht vorgekommen, dass Kinder aus diesem Grund die Schule verlassen mussten. Schulgeldermäßigungen werden sehr restriktiv gehandhabt, zumal auch gut situierte Eltern versucht haben sollen, sie zu bekommen. Es ist sehr heikel, Verdienstbescheinigungen zu verlangen, die absolut authentisch sind. Es kann nicht Aufgabe der Schule sein, eine Bankfunktion zu übernehmen und Stundungen vorzunehmen.

Welche Austauschprogramme / internationale Begegnungen werden von der Schule organisiert?

Hier gibt es mehrere Ansätze, sowohl mit dem Schulchor, als auch mit mehreren Schüleraustauschprogrammen. Einige davon finden in den Ferien, andere während der Schulzeit statt. Gerade vor wenigen Wochen war der Schulchor in Stuttgart, wo er mit einem Auftreten in der Liederhalle, die nur Spitzenensembles offensteht, im Beisein des ägyptischen Botschafters Furore gemacht hat.

Erhalten Sie viele, besorgte Anrufe aus ihre Heimat wegen des Kriegs und der Demonstrationen? Die Schule liegt in der Nähe der amerikanischen Universität. Sehen Sie darin eine Gefahr für die Kinder, die z.B. auf ihrer Heimfahrt in solchen Demonstrationen stecken bleiben? Haben Sie persönlich Bedenken wegen ihrer Sicherheit?

Solche Anrufe gibt es, das lässt sich nicht leugnen. Ansonsten fühle ich mich hier sicherer als in so mancher deutschen Großstadt. Durch die Präsenz von Polizei und Militär an jeder Ecke wird die Sicherheit gewährleistet. Was die Schulkinder anbetrifft, kann ich sagen, dass wir einen heißen Draht zu Polizei und Innenministerium haben, sodass wir, was die Sicherheit anbelangt, auf dem Laufenden sind und angemessen reagieren können.

...

Könnten Sie sich vorstellen, auch einen Sommer hier durchzustehen? Wo sonst gibt es fast drei Monate Sommerferien?

Das habe ich bereits: Im vergangenen Jahr habe ich den August hier mit Vorbereitungen auf das nächste Schuljahr verbracht.

...

Wie man Stress vermeidet

Die beiden Fotos auf der vorherigen Seite zeigen, wie meines Erachtens ein Schreibtisch (nach getaner Arbeit) aussehen sollte. Die meisten Schreibtische von Kolleginnen und Kollegen, die ich gesehen habe, sehen anders aus, nämlich voller Schreibutensilien, Papier, Bücher, Akten, Haftzettel usw. – „Man kann sich auch ‚verzetteln‘", dachte ich manchmal.

Warum ist das nicht gut?

Weil das zeigt, dass man Arbeit vor sich herschiebt! Nach meiner Erfahrung schläft man des Nachts viel besser, wenn man weiß, dass das Tagwerk, also die Arbeit des Tages vollbracht ist. Ist das nicht der Fall, denkt man unweigerlich immer wieder an die Dinge, die noch zu erledigen sind und das hält einen davon ab sich zu erholen.

Zwei Ordner sollten während der Arbeit auf dem Tisch sein, einer mit einem alphabetischen Register, in dem sich wichtige Vorgänge, Texte, Ordnungen etc. zur schnellen Handhabe befinden, und einer mit einem Zahlenregister von 1 bis 31, in dem die Terminsachen abgelegt sind. Zusammen mit einem digitalen PIM (Personal Information Manager), z. B. „Outlook" von Microsoft oder „iCal" von Apple verpasst man so nichts Wichtiges. Das hat bei mir über 20 Jahre lang funktioniert.

Die Strategie des 'leeren Schreibtisch' ist aber nur eine von mehreren, die man als Führungspersönlichkeit anwenden sollte. Als eine hervorragende Technik der Lebensbeherrschung habe ich das autogene Training kennen gelernt. Erlernt habe ich es an einer Volkshochschule in einem Vorort von München unter Anleitung einer Ärztin kurz vor meinem mündlichen Staatsexamen.

Die Kernsätze der Autosuggestion, wie das AT (autogenes Training) auch genannt wird, sind mir in Fleisch und Blut übergegangen:

- Ich bin ganz ruhig.
- Rechter Arm ist ganz schwer.
- Rechter Arm ist ganz warm.
- Atmung ruhig und tief.
- Herz schlägt ruhig und regelmäßig.
- Sonnengeflecht ist warm durchströmt.
- Stirn ist angenehm kühl.

Dazu die „formelhafte Vorsatzbildung" mit Formeln, wie z. B. „Die Arbeit fällt mir leicht" oder „Ich bin ruhig und souverän", haben mir ungemein weitergeholfen. Die Rückmeldung eines Prüfers beim mündlichen Staatsexamen bestätigte mir zum ersten Mal, dass das kein Humbug ist. Am Ende der Prüfung sagte er zu mir: „Erstaunlich wie ruhig und gelassen Sie im Vergleich zu den meisten anderen Kandidaten waren!" Meine Formel damals war: „Ich bin ruhig und gelassen."

Oder bei meiner ersten Lehrerkonferenz an einer deutschen Auslandsschule in Ägypten, zu der der ganze Schulvorstand aus Deutschland angereist kam: Nach der Konferenz kam die Vorsitzende zu mir und meinte, „Herr Wurzer, ihr Auftreten war sehr souverän." Drei Mal dürfen Sie raten, wie meine formelhafte Vorsatzbildung damals lautete: „Ich bin ruhig und souverän."

Auch beim Marathonlauf half mir das AT weiter. Meinen Durchbruch schaffte ich, als ich während des Laufens auch autogen trainierte und verspannte Muskeln durch gezieltes ‚Ansprechen' lockerte und mir während des Laufens sugge-rierte „Ich laufe leicht und locker." Immerhin schaffte ich dadurch Zeiten von etwas über 2:20 Std. im Marathon und heimste eine ganze Reihe von regionalen Meisterschaften ein.

Damit bin ich schon bei einer dritten Strategie der Stressver-meidung bzw. auch des Stressabbaus, dem Sport. Ich persönlich habe es mit dem Laufen gehalten, denn das ist am Unkompliziertesten und Effektivsten. Was man dazu, braucht sind ein gutes Paar Laufschuhe und den Willen, sich aufzuraffen, eine Runde zu drehen. Aber auch andere Ausdauersportarten sind zur Stressbewältigung geeignet. Wichtig ist, dass man etwas tut und dass man es regelmäßig betreibt. Über die gesundheitlichen Vorteile des Ausdauersports brauche ich hier nicht zu referieren, die sind inzwischen hinreichend bekannt. Mit gesundheitlich meine ich nicht nur das rein Physische, nein, der Ausdauersport hat auch tiefgreifende Auswirkungen auf die psychische Gesundheit[17].

P. S. Manchmal hilft es auch, ganz einfach ein „Knautsch-

 schwein" zu drücken,

um Aggressionen

abzubauen … ;)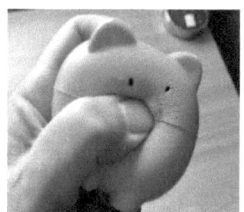

---

[17] http://www.runnersworld.de/gesundheit/laufen-gegen-stress.144824.htm
http://www.psychotherapie-scheich.de/Lauftraining.html

Was guten Unterricht ausmacht

Mit der internen und dann externen Evaluation (oder auch umgekehrt) und der damit verbundenen sogenannten Qualitätsorientierung ist den Schulen ein bürokratisches Monster aufgebürdet worden, das sehr viele Zeit- und Personalressourcen verschlingt, die man vielleicht besser direkt in die Verbesserung der Unterrichtsqualität gesteckt hätte.

Das war überhaupt eine meiner wichtigsten Erfahrungen als Lehrer und dann als Schulleiter: Immer sind den Schulen Neuerungen aufgetragen worden, die zusätzliche Arbeit bedeuteten, zusätzliche Kraft kosteten, aber die Ressourcen der Schulen wurden nicht in entsprechendem Ausmaß erweitert, womit wir wieder beim System der permanenten Überforderung an den Schulen angelangt sind.

Alle Vorgänge müssen inzwischen dokumentiert werden, damit man im Fall des Falles justiziable Fakten vorweisen kann. Die Verbürokratisierung und Verjuristifizierung des Schulwesens, gepaart mit einer neuen Konferenzkultur, die verlangt, dass sich alle Gruppen und Grüppchen der Schule regelmäßig treffen und tagen und das auch wieder sauber protokollieren, hat meines Erachtens zu einer Entmenschlichung der Schule geführt, weil kein Lehrer, keine Lehrerin mehr Wagnisse eingehen will, aus Angst vor juristischen Konsequenzen, weil man immer das Gefühl hat, mit einem Fuß im Gefängnis zu sein.

Es gibt inzwischen so viele Vorschriften, rechtliche Regelungen des Schulwesens, dass eigentlich jede Schule einen hausinternen Anwalt beschäftigen müsste. Noch schlimmer sind diese Tendenzen wohl im medizinischen Bereich. Einmal redete ich mit einem Klinikarzt und der sagte mir, er komme vor lauter Protokollieren und Konferieren kaum noch zu seiner eigentlichen Arbeit. Im Schulwesen sind wir auf dem besten Weg, das auch zu erreichen. Dabei sind sich alle einig, dass guter Unterricht das Kerngeschäft der Schule sein sollte.

Was ist guter Unterricht? Guter Unterricht erfordert zunächst einmal viel Zeit, zum Beispiel für die Vorbereitung, denn der Lehrer muss sich genau überlegen, wie er den „Stoff" den Schülern präsentiert, wie er sie dazu motiviert, das Dargebotene aufzunehmen und zu verarbeiten.

Ich denke eine gute Unterrichtsstunde sollte so gegliedert aussehen:

1. Wiederholung der wesentlichen Lerninhalte der vorangegangenen Stunde

2. Motivationsphase: Das ist meines Dafürhaltens nach die wichtigste Phase einer Unterrichtsstunde. Durch eine entsprechende Fragestellung, Video- oder Audioclips zum geplanten Stundenthema oder auch ein kurzes Spiel, das zum Punkt führt, werden die Schüler/innen aufnahmefähig gemacht und der Lehrer gewinnt ihre Aufmerksamkeit. Das ist zwar sehr anstrengend, aber es lohnt sich.

An der Deutschen Schule in Nordeuropa, an der ich sechs Jahre lang unterrichtete, waren die Schüler alles andere als einfach, weil sie so bunt zusammengewürfelt waren: Da gab es die Kinder der NATO-Soldaten, die alle zwei Jahre den Standort wechselten (welchen verheerenden Einfluss dieser ständige Wechsel auf die Kinder haben kann und häufig auch hat, kann man sich leicht ausmalen); dann die Kinder von sog. deutschen Experten, die für ein paar Jahre im Ausland weilten und ihre Kinder nach deutschem Muster beschulen ließen, damit die Rückkehr nach Deutschland schulisch abgefedert wird; schließlich noch Kinder des diplomatischen Personals und Kinder aus norwegisch-deutschen Mischfamilien. In einer neunten Klasse dieser Schule unterrichtete ich drei Stunden in der Woche Englisch. Das Leistungsgefälle war enorm, manche waren schon mit ihren 15 Jahren quasi perfekt, während andere noch viel stammelten. Um diese Klientel für sich zu gewinnen, musste man sich schon etwas einfallen lassen. Und ich ließ mir etwas einfallen: Ich studierte Literatur zum handlungsorientierten Unterricht und bereitete jede einzelne Stunde detailliert vor. Für jede Stunde überlegte ich mir eine andere Art der Motivation. Übers Schuljahr gerechnet bedeutet das bei drei Wochenstunden rund 150 verschiedene Motivationsphasen. Einmal, es war schon tief in der zweiten Schuljahreshälfte ging mir die ‚Munition‘ aus und ich dachte, ich könnte etwas einsetzen, womit ich am Anfang des Schuljahres Erfolg hatte. Und was war das Resultat: „Ooooch, das kennen wir schon!"

Diese wahre Begebenheit schildere ich, um die enorme Erwartungshaltung der Schüler aufzuzeigen.

3. Informationsphase: Hier präsentiert der Lehrer bzw. manchmal auch die Schüler/innen (Lernen durch Lehren [18]) den eigentlichen Lern-Stoff der Stunde.

4. Verarbeitungs-/Diskussionsphase: Das neu Gelernte soll hier vertieft bzw. angewendet werden, um das Gelernte zu festigen.

5. Zusammenfassung des in der Stunde Gelernten (am besten durch einen Schüler)

Sie werden jetzt vielleicht sagen, das ist nur Selbstverständliches. Wer den Schulalltag kennt, weiß, dass das nicht so ist. Da kommt es noch sehr oft vor, dass eine Motivationsphase so aussieht wie bei einem Physiklehrer, den ich selber als Schüler an einer damals noch Oberrealschule hatte: „Leute, ich sage euch, der Newton das war ein Hund [bayerischer Dialekt für eine Respektsbezeugung] und das lesen wir jetzt auf Seite 105!"

Dann erfordert guter Unterricht auch Zeit der Nachbereitung, d. h. der Lehrer lässt die Stunde, nachdem er sie gehalten hat,

---

[18] http://www.ldl.de/

Revue passieren und analysiert, was gut gelaufen ist oder auch was nicht geklappt hat und warum.

Das ist echte, wirkliche Qualitätsentwicklung an der Schule, nicht das theoretische Geplapper und Gewäsch in zahllosen Konferenzen. Aber Hand aufs Herz, wer hat heutzutage noch die Zeit, seinen Unterricht so sorgfältig vor- und nachzubereiten, wie es eigentlich erforderlich wäre? Wer hat noch die Zeit, in Ideen für guten Unterricht zu investieren?

Im Folgenden habe ich einige wenige aus einer Vielzahl von Unterrichtsideen zusammengestellt, die ich erfolgreich im Sprachunterricht ausprobiert habe[19]. Sie dienen dazu, den alltäglichen Arbeitsunterricht, der meistens frontal erfolgt, durch handlungsorientiertes Arbeiten und Spielen zu bereichern.

...

---

[19] Die angeführten Beispiele für handlungsorientierten Unterricht beruhen auf Ideen aus der Reihe "Pilgrims Longman Resource Books", Hrsg. Seth Lindstromberg, Beratung Mario Rinvolucri (Longman UK Limited) und teilweise auch auf den Veröffentlichungen von Friederike Klippel, z. B.: **Lernspiele im Englischunterricht: Mit 50 Spielvorschlägen** (Paderborn, 1986).

A) Unterstufe

1) Buchstaben-Bingo

Eines der beliebtesten Spiele.

Vorbereitung, die nur einmal zu leisten ist:

Die Buchstaben des Alphabets auf ein DIN-A4-Blatt schreiben und ca. 50mal kopieren. Dann die Buchstaben ausschneiden und in einer Schuhschachtel sammeln.

Durchführung: Die Schüler müssen sich selbst ein Bingoboard zeichnen: ein Quadrat, das wiederum 25 kleine Quadrate enthält.

In die erste Reihe von 5 Quadraten wird eine beliebige Kombination von Buchstaben zwischen A und E eingetragen. In die zweite Reihe kommt eine beliebige Buchstabenkombination zwischen F und J, in die dritte zwischen K und O, in die vierte zwischen P und T und in die letzte Reihe zwischen U und Z. Fertig ist das Bingoboard.

Jetzt wird es spannend!

Zunächst zieht der Lehrer einen Buchstaben und verkündet "L as in lemonade", wenn z.B. ein L gezogen wurde. Dann sollen die Schüler zum Ziehen an die Reihe kommen. Zwischendurch kann man auch eine Superchance ausrufen, da können mehrere Buchstaben auf einmal gezogen werden. Jeder gezogene Buchstabe, der auf dem Bingoboard ist, darf ausgekreuzt werden. Die gezogenen Buchstaben bleiben zur Kontrolle auf dem Pult.

Ziel des Spiels ist es, eine Straße (eine Reihe von 5 Kreuzen - horizontal, vertikal oder diagonal) zu bekommen. Wer als erster das erreicht und laut "Bingo" schreit, ist Sieger. Das geht meist sehr schnell. Für den Rest der Stunde kann man auf „Full House" (alle 25 Buchstaben auf dem Board müssen ausgestrichen sein) spielen.

...

2) Schiff im Nebel

Vorbereitung: einen Schal oder ein Tuch zum Verbinden der Augen.

Durchführung: Die Schüler gehen paarweise zusammen. Mehrere Paare verlassen das Klassenzimmer. Im Klassenzimmer wird ein Hindernisparcours vorbereitet. Dann werden die Draußenstehenden paarweise ins Klassenzimmer bestellt, eine/r davon mit verbundenen Augen. Dieser spielt ein Schiff, der Partner einen Lotsen. Der Lotse steuert das Schiff nur verbal, anfassen ist nicht erlaubt!

Ziel ist es, dass der Lotse das Schiff möglichst schnell und unversehrt in den Hafen (das Ziel) bringt. Karambolagen ergeben Strafpunkte wie beim Springreiten. Wer mit null Fehlerpunkten in der schnellsten Zeit den Parcours bewältigt, ist Sieger.

...

B) Mittelstufe

1) Worterklärungen

Vorbereitung: einige einsprachige Lexika; Schüler werden in zwei oder mehr Teams eingeteilt.

Durchführung: Pro Team verlässt ein 'Spieler' den Raum. Die restlichen Schüler/innen bereiten Definitionen für schwierige Wörter vor, drei Erklärungen pro Wort. Eine Definition trifft zu, die zwei anderen sind Phantasieerklärungen. Nun werden nacheinander die 'Kandidaten' geholt, um die richtigen Definitionen zu finden. Pro richtige Lösung gibt es einen Punkt.

Ziel: Die Mannschaft mit den meisten Punkten gewinnt.

Ein Spiel, das prächtig eingeschlagen hat. Sehr gute Wortschatzübung und Einübung des Gebrauchs von Wörterbüchern.

2) Eine ganz andere Geschichte

Vorbereitung: 4 bis 6 Schüler verlassen den Raum. Man sagt ihnen, dass während ihrer Abwesenheit sich die anderen Schüler/innen eine Geschichte ausdenken. Durch Entscheidungsfragen, die nur mit ja oder nein beantwortet werden, müssen sie dann herausfinden, wovon die Geschichte handelt.

Durchführung: Was die Hinausgesandten nicht erfahren ist, dass es gar keine Geschichte gibt. Ihre Fragen werden nach einem zu vereinbarenden Rhythmus von Ja und Nein beantwortet. Nach ca. 10 Minuten werden die Interviews beendet und die Frager tragen die Geschichten vor, die sie herausgefunden haben. Ein Mordsspaß!

Ziel: Groß ist die Überraschung, wenn die Wahrheit ans Licht kommt!

C) Oberstufe

1) Auktion

Vorbereitung: Die Vorbereitung hängt ganz davon ab, was man im Schilde führt, denn das Spiel hat ungeheuer viele Variationen. Beispiel: Sie wollen die neue Rechtschreibung üben. Dann müssen Sie eine Reihe von Wörtern oder Ausdrücken auf große Zettel oder auf Overheadfolie schreiben. Manche Wörter müssen falsch, andere richtig geschrieben sein. Diese Wörter können dann von den Schülern im Rahmen einer Auktion 'käuflich' erworben werden.

Jeder Schüler erhält als Grundausstattung € 1.500.

Durchführung: Wenn die oben dargestellten Präliminarien erledigt sind, kann die Auktion beginnen. Sie endet, wenn alle Objekte versteigert sind. Über die Ausgaben der Schüler kann an der Tafel Buch geführt werden, denn die Schüler benutzen natürlich Buchgeld.

Dann kommt die Auswertung. Für jedes richtige Wort, das ersteigert wurde gibt es 15 Punkte, pro übriggebliebenen €

50 gibt es 1 Punkt. Sieger ist selbstverständlich der oder die mit den meisten Punkten.

Ziel: spielerische Einübung von Faktenwissen

2) Bilder in Worte

Tolle Rückmeldungen habe ich von Schülerinnen und Schülern bekommen, wenn ich aus dem Mad Magazine[20] Bildergeschichten präsentiert habe und die Schüler die Bilder verbalisieren durften. Besonders beliebt waren die Zeichnungen von Don Martin mit den Beschriftungen von Sergio Aragones. Hier ein Beispiel aus der Reihe "Fairy Tales" – "The Frog Prince":

[Auch an dieser Stelle werde ich die Bilder bzw. die Zeichnungen beschreiben (s. weiter unten: Musterlösung) und nicht zeigen, denn Anwälte lauern nur darauf, Bilder irgendwo zu entdecken und mit Abmahnungen Reibach zu machen.]

---

[20] http://www.madmagazine.com/

Möglicher Stundenverlauf

1) Einführung/ Aufwärmphase

   → Sammelfrage: "Let me know something about your dreams. What do you personally dream of very often?"

2) Überleitung: "I'd like to present you with a very special dream of a very special girl."

3) Dann werden die Bilder auf der Folie sukzessive gezeigt: Schema: Zeigen - genaues Beschreiben der Bilder – Vermutungen anstellen lassen, wie es weitergehen könnte. Schluss: Moral von der Geschichte formulieren lassen → z.B. *Some dreams better remain dreams* oder *A dream becomes a nightmare …*

4) Mündliche Nacherzählung durch Schüler

5) Hausaufgabe: die Geschichte schreiben (Mindestwörteranzahl vorgeben)

…

Musterlösung:

Yet another frog prince tale ...

<u>Picture 1</u>

Once upon a time there was a young, terrific looking princess who was sitting by the castle pond. She had wonderful, long blonde hair and the figure of a supermodel, well, she was a dream woman. The red exquisite dress she was wearing underlined this general expression. Nevertheless, she felt bored when she was staring into the dark water of the pond.

<u>Picture 2</u>

All of a sudden two frog-like eyes appeared at the surface. Instantly the princess thought of the fairy tale of the frog prince and had the picture of a handsome strong prince before her mental eye. This mental picture made such a strong impression on her that she fell in love with it although it was not real – not yet that is to say.

<u>Picture 3</u>

She simply could not wait till her love thoughts became reality, so she knelt down in order to try and kiss the supposed prince in the shape of a frog.

Picture 4

This, however, turned out to be a mistake, a fatal mistake ...,
because the eyes did not belong to a frog but to a hungry
alligator that enjoyed the royal flesh very much.

Schüleraustausch zum ersten ...

Schüleraustausch mit Indien, ein stolzes Alleinstellungsmerk-
mal der Schule. Meine „Mitarbeiterin im Direktorat" organisiert diesen seit Jahren mit viel Liebe zum Detail. Die teilneh-
menden Schülerinnen und Schüler bereitet sie in einem inter-
kulturellen Seminar monatelang auf dieses Ereignis vor, damit
der vorauszusehende Kulturschock abgemildert wird.

‚Hollero' (zur Erinnerung: die ‚Flügelzange' bestehend aus
dem Stellvertreter des Schulleiters, Holleschal, und dem Mitarbeiter im Direktorat, Rosskopf) beäugt das Ganze mit Miss-
trauen, das Gespann möchte die Mitarbeiterin noch viel mehr
in die Schulverwaltung einbinden, denn ‚Hollero' meint, dass
Schulleitung vor allem Verwaltung heißt und übersieht dabei,
dass Schulleitung auch Gestaltung bedeutet.

Mehrfach musste ich sie schon in Schutz nehmen vor den
Mobbing-Attacken des ‚Hollero'. So zum Beispiel beim Jour
fixe der Schulleitungsrunde, als die Mitarbeiterin etwas vor-
trägt und Rosskopf demonstrativ aus dem Fenster schaut, um
zu signalisieren, dass ihm das am verlängerten Rücken vor-
beigeht. Das Schlimme dabei ist, dass sie das gar nicht be-

merkt, weil sie so mit ihrem Vortrag beschäftigt ist. Was sie allerdings schon spürt ist, dass ‚Hollero' ihr sehr kritisch gegenübersteht, die Körpersprache des ‚Hollero"-Duos hat eine eindeutige physische Präsenz und Ausstrahlung. Nach der Sitzung nehme ich mir Rosskopf zur Brust und sage ihm, dass ich ein solches Verhalten nicht mehr dulde und er verspricht, sich bei der Mitarbeiterin zu entschuldigen, was er auch tatsächlich gemacht hat.

Diese fragt mich eines Tages, ob ich nicht Lust hätte, die Austauschgruppe nach Pakistan zu begleiten. Nachdem ich selber auch schon Schüleraustauschprogramme an Schulen, an denen ich früher unterrichtete, durchgeführt hatte, bin ich sehr interessiert und beschließe, mir ein Abschiedsgeschenk zu gönnen. Schließlich ist das mein letztes Jahr an der Schule.

Allein die Tatsache, dass ‚Hollero' dann 14 Tage unbeaufsichtigt ist, bereitet mir etwas Sorge. Normalerweise delegiere ich gerne und viel, denn es entlastet mich von den schier endlosen Aufgaben, die einem Schulleiter zufallen, und auch die Kollegen und Kolleginnen, die Aufgaben übernehmen sind meistens froh, wenn ihnen etwas zugetraut wird und sie in eigener Regie neben dem Pflichtteil Unterricht auch im Bereich der Kür – um ein gängiges Bild aus dem Eiskunstlauf zu übernehmen – tätig werden können. Nur bei ‚Hollero' habe ich Probleme damit, weil ich weiß, dass ich ihnen nicht voll vertrauen kann, vor allem dem Rosskopf-Teil, der mich in dieser Hinsicht schon hintergangen hat. Ich habe nicht vergessen, wie er mich bei der Unterrichtsverteilung, die ihm im Wesentlichen übertragen ist, hintergangen hat. Sein Auftrag war ganz klar, kleine 8. Klassen zu gestalten, weil gerade in dieser Jahrgangsstufe die Schüler verhaltensmäßig schwierig werden und die sog. Durchfallerquote entsprechend hoch ist.

Ich muss hinzufügen, ich war es gewohnt, dass meine Anordnungen befolgt werden, sodass ich die Verteilung des Unterrichts, die Rosskopf in Einzelarbeit zu Hause erledigt, weil er da am ungestörtesten und effektivsten arbeiten kann, nicht laufend kontrolliert habe.

Das war ein Fehler, denn als Rosskopf die Verteilung vorlegte, musste ich sehen, dass die 8. Klassen die größten der ganzen Schule waren. Vielleicht hätte ich da auch konsequenter sein sollen und verlangen sollen, dass die Verteilung neu gemacht wird.

Aber ganz so einfach ist das im öffentlichen Dienst nicht. Wenn Rosskopf dann hingeschmissen hätte, hätte ich nicht viel machen können, außer, dass ich die Arbeit selber mache. Wenn sich Kollegen gegenseitig bekriegen, gibt es am Ende nur Verlierer. Deshalb habe ich Rosskopf diese offensichtliche Provokation und Unverschämtheit durchgehen lassen, aber insofern schon Konsequenzen gezogen, als dass ich mir von da ab regelmäßig Rechenschaft über den Verlauf der Unterrichtsverteilung geben ließ, um keine unangenehmen Überraschungen mehr zu erleben.

Nun freue ich mich auf Pakistan: Alle Bedenken habe ich so gut wie möglich mit organisatorischer Vorausschau gelöst, indem ich mein absolut zuverlässiges Sekretariat und Kollegen der erweiterten Schulleitung genau instruierte, was in den 14 Tagen meiner Abwesenheit zu erledigen war.

Es wurde ein rundum gelungener Austausch.

Schüleraustausch zum zweiten ...

„GONG, Spencer William. Passed away peacefully, on 2nd August 2015".

(Gong, Spencer William. Friedlich entschlafen am 2. August 2015.)

Diese Zeilen aus The New Zealand Herald lese ich ungefähr ein Jahr nachdem ich nach Spencer Gong im Internet recherchiert habe. Ich suche nach ihm, weil er eine der Personen ist, die meinen Lebensweg berührt und teilweise begleitet haben. Ihn habe ich verloren oder besser aufgegeben und trotzdem habe ich oft an ihn gedacht.

Spencer tauchte in meinem Leben vor rund 40 Jahren auf, ich war damals noch Referendar an einem Münchner Vorortgymnasium, das einen Schüleraustausch mit einer Schule in Auckland, Neuseeland, pflegte. Für einen der Begleitlehrer wurde eine Bleibe gesucht. In meinem Arbeitszimmer war ein IKEA-Sofa, auf dem oft Gäste nächtigten, und für 14 Tage würde er das schon aushalten. So meldete ich mich und bekam den Gast zugesprochen.

Schüleraustausch ist sehr begehrt, denn das profiliert eine Schule. Nicht ganz so begehrt ist es unter Kollegen, Austauschlehrer bei sich aufzunehmen. Aber ich als junger Englischlehrer hatte da noch keine Berührungsängste und meine Frau war sowieso allem Neuen gegenüber aufgeschlossen.

Spencer kam an einem Tag im Januar 1978 mit der S-Bahn abends in Poing an. Meine Frau und ich holten ihn vom Bahnhof ab, wir waren natürlich sehr gespannt, mit wem wir die nächsten 14 Tage zusammenleben würden. Außer dass er Begleitlehrer einer neuseeländischen Schülergruppe war, wussten wir nichts über ihn.

Die S-Bahn fuhr ein, wenige Leute stiegen aus, darunter ein ziemlich fülliger Asiate, der einen Trachtenhut aufhatte. Kaum setzte er seinen Fuß auf den eisglatten Bahnsteigboden, zack!, schon lag er auf dem Rücken, genauer gesagt auf dem schwer bepackten Rucksack, der den Sturz begünstigte. Es war Winter, aber die Szene erinnerte mich an einen strampelnden Maikäfer auf dem Rücken. Der gestürzte Asiate mit dem Tiroler Hut war, wie sich herausstellte, Spencer Gong, Neuseeländer chinesischer Abstammung in dritter Generation – der Austauschlehrer, den wir beherbergen sollten.

Das war der lustige Beginn einer jahrelangen Freundschaft. Spencer besuchte uns immer wieder in den kommenden Jahren, als wir schon in Wilsburg waren, wo ich meine erste feste Lehrerstelle am dortigen Gymnasium erhalten hatte.

Das Ende war nicht so lustig. Spencer nahm es mir übel, dass ich ihn einmal nicht zum Abschied nach München zum Flughafen begleitete, da er ja ohnehin einen Mietwagen hatte und ich mit Stundenplanarbeiten für das neue Schuljahr beschäftigt war.

Ich schrieb ihm, bekam aber keine Antwort, hörte nichts mehr von ihm, sah ihn nie wieder.

Nun lebt er nicht mehr und es lässt sich leider nichts mehr klären …

Nur eine kleine physische Erinnerung an ihn ist mir geblieben...

Das „Glücksglöckchen", das er mir und meiner Frau bei einem seiner Besuche mitgebracht hatte.

Der Grieche oder Eltern haben immer Recht

Der Blick ins Grüne von meinem Büro aus tut gut, wirkt beruhigend, bei Sonnenschein sogar besänftigend. Eine gute Wahl für die Lage eines Schulleiterbüros. Eigentlich – wenn da nicht die unmittelbare Nähe zu meinem Stellvertreter wäre. Er hat keinen Blick ins Grüne, dafür hat er immer seine Zimmertür offen, damit ihm ja nichts entgeht, wenn jemand zu mir oder ins gegenüberliegende Sekretariat kommt. Er sagt, die offene Tür sei ein Zeichen seiner Aufgeschlossenheit.

Seine Tür ist eigentlich nur dann zu, wenn ihn sein Verbündeter im Schulleitungsteam besucht oder wenn er selbst Unterricht hat.

Das Bürotelefon klingelt. Ein Blick auf das Display verrät mir, dass das Sekretariat am anderen Ende der Leitung ist.

„Was liegt an?"

„Der Vater des Schülers Papadakis, möchte einen Termin bei Ihnen, am besten sofort. „Ah, der Vater des Schülers Ioannis Papadakis, dem wir eine Sechs wegen unentschuldigten Fernbleibens von einer Prüfung gegeben haben. Moment, ich muss noch einen Blick auf meinen Terminkalender werfen … In einer Stunde, um 11.30 Uhr, kann ich ihn einschieben." „Ok, Herr Papadakis kommt in einer Stunde", teilt mir die Sekretärin abschließend mit.

Ioannis Papadakis war ein Oberstufenschüler mit einer der längsten Liste an Fehltagen, sehr häufig auch noch unentschuldigt. Nach Rücksprache mit der Oberstufenbetreuung und den Fachlehrern war es Zeit, ein Zeichen zu setzen, dass es so nicht weitergehen konnte. Die zu spät nachgereichte Entschuldigung für das Versäumnis einer Klausur bot dann den Anlass, die entsprechende Maßnahme zu ergreifen, nämlich null Punkte auf die ‚Arbeit' zu geben. Eine vorherige Rücksprache mit der MB-Dienststelle ergab, dass wir mit der Vorgehensweise „auf der sicheren Seite" seien. Auch ein Anruf in der Rechtsabteilung des Kultusministeriums ergab, dass an den null Punkten „nicht zu rütteln" sei. Ioannis hatte die Entscheidung akzeptiert, sein Vater nicht.

Zum Gespräch mit Vater Papadakis zog ich die Oberstufenbetreuerin hinzu, denn aus meiner langen Erfahrung als Schulleiter wusste ich, dass das Treffen heikel werden könnte und es gut ist, wenn man Zeugen hat.

Punkt 11.30 Uhr erschien Herr Papadakis im gemeinsamen Vorraum von Direktorat, Konrektorat und Sekretariat.

Eigenartig, die Tür zum Stellvertreterbüro war zu.

Er kam zusammen mit seiner Frau. Herr Papadakis war ein kleiner, untersetzter Herr. Er dürfte die 1,70 Meter an Größe nicht erreicht haben. Sein Haar war schwarz, wie man es von Griechen bzw. Griechisch stämmigen erwartet, doch schon etwas schütter, seine Stirn glänzte. Er trug einen hellgrauen Anzug und eine dunkelblaue Krawatte. Seine Frau war etwa gleich groß, ansonsten unauffällig, was Kleidung und Aussehen betraf. Sie sagte außer „Guten Tag" nichts.

Nach der freundlichen Begrüßung per Handschlag nahmen wir Platz am runden Tisch in meinem Büro. Ohne auf eine Gesprächseinleitung meinerseits zu warten, legte Vater Papadakis los: „Herr Direktor, vielen herzlichen Dank, dass Sie uns so kurzfristig empfangen! Ich weiß, das ist nicht selbstverständlich. Ihre Schule hat einen blendenden Ruf und ich weiß, Sie leiten die Schule ganz souverän." Diese überragende Freundlichkeit meines Gegenübers ließen bei mir die inneren Alarmglocken läuten. Aus meiner Schulleitertätigkeit im Ausland wusste ich, dass Leute aus den Mittelmeeranrainerstaaten nie gleich auf den Punkt kommen, sondern einen erst mit Freundlichkeiten überhäufen, bevor es dann kompromisslos zur Sache geht. Je länger das Vorspiel und je schöner die Komplimente, umso härter und diffiziler die Sache.

Herr Papadakis hatte sich im Übrigen bisher nie um seinen Sohn gekümmert, war immer geschäftlich unterwegs und für uns nicht erreichbar. Es folgte eine Reihe weiterer Schmeicheleien und dann sagte Vater Papadakis: „Herr Direktor, es kostet Sie nur einen Federstrich die getroffene Entscheidung zu revidieren. Bitte tun Sie das und verbauen Sie meinem Sohn nicht die Zukunft!"

„Ihrem Sohn wird mit der getroffenen Entscheidung nicht die Zukunft verbaut, sondern er spürt, dass Fehlverhalten auch Konsequenzen nach sich zieht, das ist auch Teil eines Lernprozesses", entgegnete ich.

„Sie nehmen die null Punkte nicht zurück?", fauchte Papadakis.

„Nein", sagte ich.

Da sprang er auf, riss die Tür auf und zog seine Frau mit sich.

„Scheiß Gymnasium, Scheiß Direktor!", pulverte er in das Vorzimmer hinaus und verschwand durch die Glastür zur Aula.

„Haben Sie die Beleidigungen auch gehört?", wandte ich mich an die Oberstufenbetreuerin, aber die war so bleich vor Schock, dass sie nichts wahrnahm.

Schade auch, dass ausgerechnet im Augenblick der Papadakischen Eruption die Tür zum Stellvertreterzimmer immer noch geschlossen war.

Vierzehn Tage später flatterte aus dem Ministerium ein Brief herein mit der Anweisung, dass dem Schüler Ioannis Papadakis ein Nachtermin für die versäumte Arbeit einzuräumen sei, da man nicht hundertprozentig ausschließen könne, dass das verspätete Einreichen der Entschuldigung auf widrige Umstände zurückzuführen sei, die man dem Schüler nicht anlasten könne.

Schule als touristisches Ziel

Es gibt kaum eine Schule, die nicht ständig auf der Suche nach zusätzlichen Einnahmequellen ist, um Dinge zu finanzieren, für die der Schulträger oder auch das Ministerium kein Geld geben, denn die öffentlichen Haushalte sind chronisch klamm. Die chronische Knappheit der Schulbudgets zieht sich wie ein roter Faden durch meine Schullaufbahn.

An einer deutschen Inlandsschule, die ich leitete, hatte ich zum Beispiel eine Übereinkunft mit dem ortsansässigen Amtsgericht, dass ein Teil der Geldstrafen, die verhängt wurden, für soziale Zwecke an die Schule überwiesen wurden. Das waren kleine Beträge, aber ‚Kleinvieh macht auch Mist', wie es heißt, und mit diesem Geld konnten wir beispielsweise Schülern, deren Eltern wenig Geld zur Verfügung hatten, Zuschüsse bei Klassenfahrten gewähren.

An der Auslandsschule, die ich leitete, kam eine Elternbeirätin, die in der Tourismusbranche arbeitete, auf die Idee, die Schule für Touristen, Besuchergruppen zu öffnen und für den Besuch Eintrittsgeld zu verlangen. Ich muss zugeben, ich war sehr skeptisch, wäre ich doch selbst nie auf die Idee gekommen, in meinen Ferien im Ausland eine Schule besuchen zu wollen. Doch angesichts der Finanzknappheit, die in meinem ersten Einsatzjahr herrschte, war ich bereit, den Vorschlag zu übernehmen.

Wir arbeiteten ein Besuchsprogramm aus, das so aussah:

1. Begrüßung der Gäste durch den Schulleiter
2. Führung der Gäste durch das Schulgelände durch eine Vertreterin des Schulträgers
3. Zusammenkunft der Gäste mit einer Klasse, wobei die Klasse zu Beginn mit einer kleinen Aufführung, sei es ein Lied oder ein kleines szenisches Spiel, aufwartete. Dann saß man zusammen und die Gäste konnten unsere Schülerinnen (Mädchenschule) zum Leben im Land befragen und auch unsere Schülerinnen konnten den Gästen Fragen stellen.
4. Verabschiedung der Gäste durch den Schulleiter

Das Ergebnis war unerwartet und geradezu umwerfend. Die Gäste genossen diese ungewöhnliche Art der Landeskunde und die Rückmeldungen waren äußerst positiv, bis hin zu der Aussage, das sei einer der Höhepunkte der Ägyptenreise gewesen.

Das bestätigten mir ein paar Jahre später auch meine rotarischen Freunde aus dem Norden Bayerns, für die ich eine Ägyptenreise organisiert hatte, in deren Verlauf wir auch das oben beschriebene Besuchsprogramm an der Schule absolvierten.

Um der Zentralstelle für Auslandsschulwesen, das die Evaluation an den deutschen Auslandsschulen mit Macht vorantrieb, eine Rückmeldung über die Einschätzung von Auslandsschulen durch Dritte zu geben, führte ich nachfolgende kleine Besuchsevaluation durch:

...

Erhebung zu Rückmeldungen von Reisenden, die die Schule besuchten:
Schuljahr 2005/06

1) Bekanntheitsgrad von Deutschen Schulen im Ausland

bekannt	vage bekannt	nicht bekannt	
74	27	6	**107**

2) Von welchen Deutschen Schulen im Ausland haben Sie schon gehört?

Chile	Mexiko	Japan	Südafrika	Indien	USA
6	6	5	3	3	2
In Hauptstädten	Kairo	Rom	Shanghai	Jerusalem	Goethe-Inst.
17	14	8	3	1	18
Diverse Orte					
21					**107**

3) Note für die Sprachfähigkeit der Schülerinnen

Note	Anzahl	Note	Anzahl	
1	79	5	2	
2	16	6		
3	5			
4	5			**107**

4) Befürwortung von Einsatz deutscher Steuergelder für Deutsche Auslandsschulen

Ja	Nein	
103	4	**107**

5) Sind die Deutschen Auslandsschulen Ihrer Meinung nach geeignete Mittler des Kulturdialogs?

Ja	Zweifelhaft	Nein	
101	6		**107**

6) War der Besuch der Schule im Rahmen Ihres Urlaubs im Land sinnvoll?

Ja	Zweifelhaft	Nein	
97	4	3	**104**
		k.A.	**3**
		3	

7) Was erstaunte Sie beim Besuch der Schule am meisten?
(Mehrfachnennungen möglich - keine vorgegebene Kategorien!)

Reine Mädchenschule	23
Aufgeschlossenheit und Sprachfähigkeit der Schülerinnen	94
Engagement aller Beteiligten	19
Konzept der Schule	27
Frohe Stimmung, die bei zu spüren war	56
Freude am Lernen	32
Konfessionelle Ausrichtung	11
Toleranz	9
Klugheit der Mädchen	19
Diverses	21
	311

Ausgewertete Rückmeldungen   **107**

Exkurs: Colloquium

Die Schülerin,

etwas raue Stimme,

referiert,

im kecken Auftreten versiert.

Stellt auch selbst Fragen,

um den Prüfern zu sagen,

ich weiß Bescheid –

dazu ein Lächeln, ganz breit.

Probiert verschiedene Posen:

Haare zurückstreifen,

Stirn runzeln,

Augen rollen,

geht mimisch in die Vollen.

Männliche Prüfer lassen sich beeindrucken,

- leicht auszugucken -,

würden sie wohl gerne liebkosen.

Probleme lösen

Probleme gibt es an jeder Schule, sodass es gut ist, eine Problemlösungsstrategie zu haben. Ich habe versucht, folgendes Problemlösungsschema an den Schulen, die ich leitete, umzusetzen:

Kernsätze sind:

- _Nicht übereinander,_
  sondern miteinander reden!
- _Problemeigner und Problemverursacher sollten nach Möglichkeit einen Konflikt immer selbst bereinigen, also auf der Ebene, auf der er entstanden ist_
  Das ist die nachhaltigste Lösung
- _Warum?_
  Weil man stolz darauf sein kann, selbstständig eine Problemlösungsstrategie gefunden zu haben

Auf der folgenden Seite finden Sie ein Schaubild, das diese Kernsätze in ein Problemlösungsschema einbettet. Die Pfeile deuten Aktionsmöglichkeiten und -richtungen nur an, erheben keinen Anspruch auf Vollständigkeit.

Dieses Verfahren hat sich sehr bewährt.

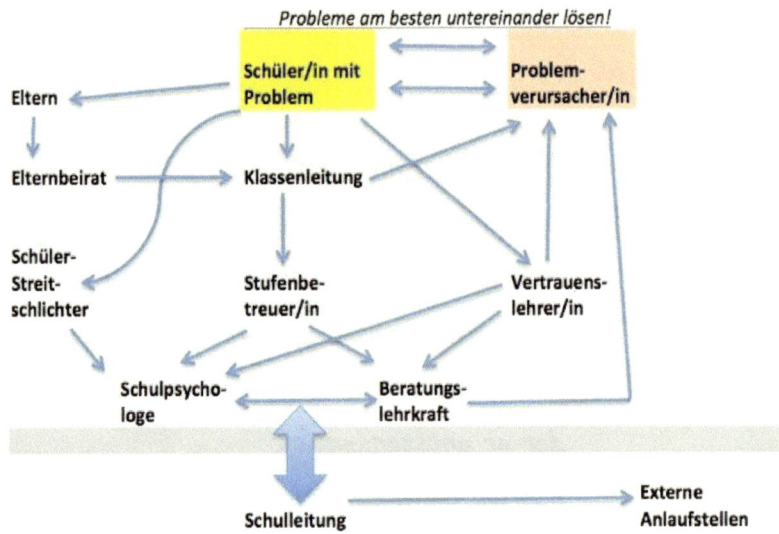

Die Pfeile sollen die Netzwerksstrukturen nur andeuten und sind nicht vollständig.

Schulausschluss

Bevor eine Schülerin oder ein Schüler von der Schule ausgeschlossen wird, muss einiges passieren, denn das ist ein letztes Mittel, die schulische Ordnung aufrecht zu erhalten. Ich weiß, viele Schulleiter und -leiterinnen schrecken vor so einem Schritt zurück, weil sie glauben, dass sie als Pädagogen Probleme auch pädagogisch zu lösen hätten, wobei pädagogisch hier als ein Synonym für „weiche Lösung durch Gespräche" oder „Einleitung eines Umdenkprozesses durch ‚erzieherische' Maßnahmen" stehen könnte. Dabei bedeutet das Wort „Pädagoge", das aus dem Griechischen kommt, nichts Anderes als „Knabenführer".

Ein Lehrer ist also dann ein Pädagoge und handelt pädagogisch, wenn er leitet, Führungsstärke zeigt. Das heißt selbstverständlich nicht, dass die Schüler gegenüber den Lehrern Kadavergehorsam zeigen müssen, ganz im Gegenteil, eine gute, souveräne Führung lässt auch ‚Führung von unten' zu, will sagen, beteiligt die Schüler so weit wie möglich an Entscheidungsprozessen.

Schüler/innen der Schule zu verweisen ist also auch eine pädagogische Maßnahme, vor allem, wenn dadurch andere Schüler/innen geschützt werden.

Einen Fall möchte ich schildern.

Der Schüler Max Stammler fehlte sehr oft unentschuldigt im Unterricht. Als er die Mittelstufe des Gymnasiums besuchte, versuchte ihn meine Vorgängerin im Amt durch Gespräche und Ermahnungen auf die rechte Bahn zu bringen. Auch mit den Eltern wurde viel geredet, obwohl das einigermaßen schwierig war, da diese geschieden waren. Das war ein Grund mehr, Rücksicht auf das Kind zu nehmen, das oft die Schule schwänz-te (= Klartext für „hat unentschuldigt gefehlt"). Ein weiterer Grund zur Rücksichtnahme bestand wohl darin, dass seine Mutter Mitglied des Elternbeirats war. Das Schwänzen zog sich über Jahre hin. Viele Lehrer waren frustriert, weil sie, wie sie sagten, „den Noten hinterherrennen mussten", d. h. es war schwierig für sie die geforderten Leistungsnachweise vom Schüler zu bekommen, der da auch ganz berechnend vorging, sodass die Lehrer auch das Gefühl hatten, dass er ihnen auf der Nase herumtanzt.

Nun war Max Stammler in der Oberstufe und in der Zwischenzeit volljährig, wohnte auch nicht mehr im elterlichen Haus, das von seiner Mutter, seinen beiden Geschwistern und ihm bewohnt wurde. Das verließ er nach einem Streit, den die Polizei schlichten musste. Bei dem Vorfall kam es auch zu einem Gewaltausbruch von Max, der etliche Wohnungstüren kurz und klein schlug.

Sein schulisches Verhalten hinsichtlich des Schwänzens hatte sich nicht gebessert. Ich ermunterte seine Fachlehrer ihm einen Schulverweis[21] zu erteilen, wenn er wieder einmal unentschuldigt fehlte. Nach ein paar Tagen wurden die ersten Verweise ausgestellt. Nach dem dritten Verweis bestellte ich den Schüler zu mir und erklärte ihm, dass unsere Geduld mit ihm am Ende sei und dass ich ihm im Wiederholungsfall einen „verschärften Verweis" lt. Schulordnung geben würde. Das sei dann auch der Einstieg in den Ausstieg, mit anderen Worten, wenn er so weiter macht, sei ein Schulausschluss unausweichlich.

---

[21] Das ist die unterste Stufe der sog. Ordnungsmaßnahmen, quasi eine schriftliche Mitteilung an die Eltern oder die volljährigen Schüler, dass das im Verweis bezeichnete Verhalten gegen die schulische Ordnung verstößt.

Und es ging so weiter: Dem verschärften Verweis folgte ein Amtsarzttermin, aber der Amtsarzt bescheinigte dem Schüler die volle Schulfähigkeit und konnte keinerlei gesundheitliche Probleme feststellen.

Dann folgte die „Androhung der Entlassung". Vor der formalen Erteilung dieser Ordnungsmaßnahme lud ich den Schüler noch einmal zum Gespräch und fragte ihn, ob er den Beistand des Vertrauenslehrers oder des Schulpsychologen in Anspruch nehmen möchte oder auch irgendeiner anderen Person seines Vertrauens, was er aber verneinte. Ich sagte ihm auch, dass alle schulischen Schreiben auch an seine Eltern gegangen sind, da wir von ihm keine Erklärung vorliegen hätten, die uns das untersagte. Er meinte, das sei schon okay so.

Dann kippte er plötzlich aus dem Stuhl. Obwohl ich der Meinung war, dass dieser Vorfall gespielt war, denn es zeigten sich keine Symptome, wie Bleichwerden, Schweißausbruch oder Ähnliches, rief ich sofort den Notarzt.

Als Max das mitbekam, ging es ihm gleich besser und er sagte, ein Notarzt sei doch nicht nötig, ein Glas Wasser reiche. Eine Sekretärin brachte ihm ein Glas Wasser, aber auf den Notarztbesuch bestand ich.

Dieser war auch in wenigen Minuten vor Ort, denn das Kreiskrankenhaus war in der Nähe der Schule. Der Notarzt konnte nichts Ungewöhnliches feststellen und nahm Max mit zur stationären Beobachtung, was diesem gar nicht passte, aber dieses Mal bestand der Notarzt darauf, der ebenfalls sehr schnell erfasste, was Sache war.

Aber auch die Androhung der Entlassung nützte nichts. Der Schüler kam weiterhin zum Unterricht, wann und wie es ihm passte.

Die endgültige Entlassung aus der Schule folgte wenige Wochen später.

Epilog 1

Circa ein Jahr später kam Max Stammler zu mir ins Büro. Die Sekretärinnen wollten ihn schon abwimmeln, denn er hatte keinen Termin, aber da ich gerade Zeit hatte, wollte ich mir Zeit für ihn nehmen und hören, was er zu sagen hatte. Ich rechnete mit einer Abrechnung, mit Vorwürfen, täuschte mich aber gewaltig.

Max war gekommen, um mir zu danken, dass wir ihn von der Schule geschmissen hätten. Das habe ihn auf den rechten Weg gebracht. Jetzt gehe er auf die Fachoberschule im Nachbarort und wolle dort das Fachabitur machen und dann Maschinenbau studieren.

Als er wieder gegangen war, sagte mir die Sekretärin, dass sie, den Telefonhörer in der Hand, an der Tür gelauscht habe, weil sie befürchtete, dass Max mir etwas antun würde.

Ich lachte.

Epilog 2

Wieder etwa ein Jahr später las ich in der Zeitung, dass Max Stammler wegen Mordversuchs im Gefängnis sitzt.

Ich war bestürzt.

Feedback-Kultur: Warum es wichtig ist, dass sich Lehrkräfte auch von Schülern beurteilen lassen

Dass Lehrer/innen Schüler/innen beurteilen, indem sie ihnen Noten geben, gehört zu den althergebrachten Aufgaben des Schulsystems. Über den Sinn und Unsinn des Notengebens ist schon viel diskutiert worden und wird auch weiterhin viel gestritten werden. Es ist, salopp ausgedrückt, ein bisschen wie mit der Demokratie: Das System hat viele Nachteile, doch es gibt kein offensichtlich besseres.

Ich persönlich habe sehr gute Erfahrungen damit gemacht, mich als Lehrer auch von meinen Schülern beurteilen zu lassen, auf Neusprech würde man wohl „evaluieren" sagen.

Ich habe das immer nach etwa einem Drittel des Schuljahres durchgeführt und die Ergebnisse mit den Klassen besprochen. Da habe ich dann auch erklärt, wo und wie ich Änderungen in meinem Unterricht vornehmen kann und will, aber auch, wo für mich die Grenzen sind. Dadurch bekommen die Schülerinnen und Schüler das Gefühl, dass sie über den Unterricht mitbestimmen können und das führt insgesamt zu einem angenehmen Unterrichtsklima. Ich kann stolz von mir sagen, dass es in den 38 Jahren, in denen ich unterrichtet habe, nicht eine Klasse gegeben hat, mit der ich nicht zurechtgekommen wäre.

Einzelne Schülerinnen und Schüler, mit denen ich Probleme hatte, gab es schon, man muss ich aber auch bewusst machen, dass man es als Lehrer oder auch Schulleiter nie allen recht machen kann. Das war nie mein Anspruch und deshalb bin ich auch sehr gut über die Runden gekommen.

Weiterhin ist aus meiner Erfahrung wichtig, dass man weiß, dass es immer Leute geben wird, die den Job, den man selbst macht, besser hinbekommen, dass es aber auch Leute gibt, die es schlechter machen. Diese Einstellung hat mir geholfen, ein ganzes Berufsleben lang einigermaßen entspannt zu bewältigen.

Wie sah die Evaluation meines Unterrichts durch die Schüler aus? "KEEP IT SIMPLE, SILLY!", war meine Devise, also die Sache so einfach wie möglich zu gestalten. Meistens habe ich den Schülerinnen und Schülern ein Blatt in die Hand gedrückt, das zwei Spalten hatte. In der einen Spalte sollten sie festhalten, was ihnen am Unterricht gefallen hat und in der zweiten

Spalte das, was nicht gepasst hat, was verändert werden sollte. Ab und an habe ich aber auch mit Fragebögen gearbeitet, denen das Notenbewertungsschema von 1 bis 6 zu Grunde lag.

Hier ein Beispiel aus dem Englischunterricht:

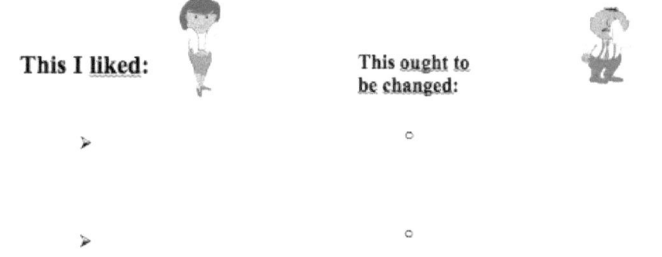

This I liked:

> ➤
>
> ➤

This ought to be changed:

○

○

Die Teilnahme war selbstverständlich freiwillig. Die ausgefüllten Formulare habe ich eingesammelt, ausgewertet, in eine Excel-Tabelle übertragen und mit der Klasse besprochen.

...

Hier das Beispiel einer Auswertung:

DGS – 10d/ 2007-08 – Opinion Poll

This we liked:	Number of students
Lessons are interesting & well-prepared (interspersed by games etc.)	27
Working in pairs and groups	21
Atmosphere (relaxed, fun) - good student- Teacher relationship	18
Amount of homework bearable	14
The way you make oral marks	12
Personality of the teacher (open-minded, good-humoured)	9
Teacher's advice and accurate explanations	9
We speak a lot of English & only English is allowed	8
"Speak-You-English? programme	7
Students can decide things	2
Fair and just grades	2
Teacher shows interest in us personally	2
Feeling of improvement through your corrections	2
It's good that you are here	1
I love you ;-)	1
Total	**135**

That ought to be improved:	Number of students
You use a lot of words we don't know	6
General level too high (You demand too much from us)	6
We could have had more preparation for the written test	5
We need more written exercises	4
Written test was very difficult	3
You take only oral marks	2
Through taking many marks you put much pressure on us	1
You should take more oral marks	1
There ought to be more grammar in written tests	1
We need more vocab practice	1
More groupwork	1
Please show us English movies	1
	32

149

Thank you for participating. :-)

(32 out of 32 participants)

Beim Gespräch über die Auswertung der Erhebung wurde z. B. vereinbart, dass sich der Lehrer bemüht, weniger, den Schülern noch nicht bekannte Vokabeln zu benutzen. Die Schüler sahen aber auch ein, dass sie beim Unterrichtsgespräch nicht jedes einzelne Wort verstehen müssen, sondern dass es auf das sog. Globalverständnis ankommt.

Auf Einzelrückmeldungen wird normalerweise nicht eingegangen, diese sind aber manchmal trotzdem interessant. So bekam ich unter anderem positive Rückmeldungen zu der Farbe meiner Augen und auch, dass ich gut rieche, wurde mir attestiert. Dies zeigt, dass das Feedback von den Schülerinnen und Schülern mit einem Augenzwinkern betrachtet wird - und „das ist gut so."

Auch zeigen die Fragebögen nicht selten, dass es völlig konträre widersprüchliche Aussagen der Schüler/innen gibt, was offenbart, dass es unmöglich ist, es allen recht zu machen. Aber auch das ist eine nicht unwichtige Erkenntnis - sowohl für Lehrer und als auch Schüler.

Externe Evaluation / Schulinspektion

TQM (Total Quality Management) hat sich inzwischen an allen Schulen mehr oder minder durchgesetzt oder genauer ausgedrückt, er ist den Schulen aufgesetzt, aufgedrückt worden. Einher mit dem Qualitätsmanagement geht ein Wust an Bürokratie. Ich will nicht behaupten, dass TQM an sich nichts Gutes ist, ganz im Gegenteil, aber wenn man die Schulen verpflichtet, dieses Instrumentarium zu nutzen, müssen auch die entsprechenden personellen und zeitlichen Ressourcen zur Verfügung gestellt werden.

Meistens beginnt TQM mit einem Evaluationszyklus, z. B. einer externen Evaluation der Schule. Dazu sind gesonderte Konferenzen, umfangreiche Erhebungen von Daten bei Eltern, Schülern und Lehrern notwendig. Diese Daten werden vom externen Evaluationsteam, das die Schule auch mehrfach besucht und mit den am Schulleben beteiligten Personen und Gruppen Interviews durchführt, ausgewertet und in einen Evaluationsbericht gepackt. Der Evaluationsbericht muss von der Schule ausgewertet werden und die darin festgestellten Schwächen müssen bis zur nächsten Evaluation, die eine interne oder auch wieder eine externe sein kann, abgestellt werden. Das wiederum wird in schriftlichen Zielvereinbarungen mit dem Ministerialbeauftragten festgehalten. Diesem sind auch regelmäßig Berichte über den Verlauf der Bemühungen der Schule, die festgestellten Schwächen zu beseitigen, zuzuführen. Aus dieser ganz groben Vereinfachung des Verfahrens kann man erahnen, welch weiteres Bürokratiemonster der Schulen damit aufgebürdet worden ist.

Zur Veranschaulichung, was in so einer Evaluation festgehalten wird, eine stichworthafte Zusammenfassung einer Evaluation eines Gymnasiums, das ich leitete:

"...

Ergebnisse der Fragebogenaktion im Rahmen der externen Evaluation (Ausschnitte)

Eltern

Kritisch

- Vertretungsunterricht

- Ungleiche Erziehungsgrundsätze der Lehrkräfte

- Zeiten der Lehrersprechstunden

- Information über die Leistungsentwicklung der Schüler

- Es gibt kein spezifisches Leitbild der Schule

- Wenig Unterstützung bei individuellen Lernschwierigkeiten

- Unterrichtsausfall und Quantität bzw. auch Schwierigkeitsgrad der Hausaufgaben

Positiv
- Schulleitung

- Stundenplan

- Klassenelternabende

- Informationsveranstaltungen

- Schule verlangt Leistung und gibt Unterstützung

- Kinder fühlen sich an der Schule wohl

- Wenig Unterrichtsstörungen

- Lehrkräfte werden respektiert

- Zufriedenheitsgrad 85%

Schüler

Kritisch

- Es gibt keine Streitschlichter

- Es gibt kein Leitbild

- Erreichbarkeit der Schülervertreter

- Die Lehrer lassen ihren Unterricht nicht evaluieren

- Es gibt kein Forum, in dem regelmäßig über Verbesserungen an der Schule diskutiert wird

- Erzieherische Wirksamkeit der Lehrkräfte

Positiv

- Schulleitung

- Bei den Lehrern gelten die gleichen Erziehungsgrundsätze

- Prüfungstermine werden abgesprochen

- Lehrer setzen sich für Schüler ein

- Besondere Leistungen werden gewürdigt und anerkannt

- Es wird Wert auf Ordnung und Sauberkeit gelegt

- SMV sehr aktiv

- Es wird darauf geachtet, dass vereinbarte Regeln eingehalten werden

- Richtiges Unterrichtstempo

- Zufriedenheitsgrad 85%

Lehrer

Kritisch
- Wenig gemeinsame Unterrichtsvorhaben

- Fehlende Schulverfassung

- Keine festgelegten Verfahren zur Konfliktlösung

- Kein systematisch gesteuerter Schulentwicklungsprozess

Positiv
- Gestaltungsspielraum für eigenverantwortliches Handeln

- Schulleitung bezieht klar Stellung und beteiligt die diversen Betroffenen

- Die Zusammenarbeit von Lehrkräften wird gefördert

- Konsensorientierung im Kollegium

- Unterstützung durch Eltern beim Erziehungsauftrag

- Hohe Selbsteinschätzung hinsichtlich der Qualität des Unterrichts

- Zufriedenheitsgrad 85%

..."

Diese Evaluation fand im zweiten Schuljahr meines Wirkens an der Schule statt. Es war nicht einfach, das Kollegium von der Notwendigkeit und dem Nutzen des Projekts zu überzeugen, noch dazu hatte ich selbst auch Zweifel, ob der Aufwand so groß sein muss, ob man nicht mit einfacheren, unkomplizierteren Mitteln ähnliche Ergebnisse erzielen könnte.

Aber die Methodik stand nicht zur Diskussion. Wir waren eine der ersten Schulen im Bezirk, die sich einer externen Evaluation unterzog. Das Argument, dass die „Eva" so oder so kommt, egal ob das dem Kollegium genehm ist oder nicht, zog. Ich konnte das Kollegium davon überzeugen, dass es besser ist, sich freiwillig zu melden, denn dann könnten wir einige Faktoren beeinflussen, z. B. den Zeitpunkt der Evaluation. Die freiwillige Meldung wurde uns von der Dienststelle des Ministerialbeauftragten, die die Evaluationen koordinierte, hoch angerechnet, weil dadurch ein positives Signal für die

kommenden Evaluationen in den ganzen Schulbezirk ausge-
sandt wurde. Sie musste also ein Erfolg werden und sie wurde
ein Erfolg.

Das Evaluationsteam ging mit großer Behutsamkeit und Sorg-
falt vor. Alle Schritte von den Online-Befragungen über die
persönlichen Interviews bis hin zur Auswertung wurden allen
Beteiligten genau dargelegt und erklärt, sodass auch bestehende Ängste und Befürchtungen weitestgehend ausgeräumt
werden konnten.

Die Ergebnisse verdeutlichten, dass die Schule schon sog.
Schwächen aufwies, aber die waren gering im Vergleich zu
den vielen „Stärken", die aufgezeigt wurden (Zufriedenheitsgrad von 85 %). Lehrer, Schüler und Eltern fühlten sich positiv
bestärkt und motiviert, „Schwächen" zu beseitigen.

Wie ging es weiter?

Die Steuergruppe der Schule, die im Wesentlichen identisch
mit dem Schulforum[22] war, in dem gewählte Vertreter von

---

[22] Ich wollte neben dem schon bestehenden Organ des Schulforums nicht
noch einmal ein gesondertes Organ installieren, wie das an anderen Schule
gehandhabt wird, weil durch parallel laufende Institutionen, die im Prinzip
ähnliche Aufgabenstellungen haben, die Effizienz des Schulbetriebs eher
negativ beeinträchtigt wird, es werden ganz einfach Ressourcen verschleu-

Schülern, Eltern und Lehrer zusammen mit dem Schulleiter sitzen, übernahm das weitere Vorgehen.

Auswahl von drei Bereichen, in denen die Schule besser werden sollte:

a) Informationen über die Leistungsentwicklung der Schüler (Eltern)
b) Leitbild der Schule (Schüler)
c) Konfliktlösungsverfahren (Lehrer)

Diese drei Bereiche wurden dann „operationalisiert", d. h. es wurden Einzelmaßnahmen definiert, die durchgeführt werden sollten, um Verbesserungen zu erzielen. All diese Maßnahmen wurden als „Zielvereinbarungen" dem Ministerialbeauftragten vorgelegt.

Nach drei Jahren wurde in einer internen Evaluation, die die Steuergruppe federführend leitete, untersucht, ob man die gesteckten Ziele erreicht hatte.

Die interne Evaluation erwies sich als der schwierigere Part des Evaluationszyklus, denn die meiste Arbeit blieb am Leiter der Steuergruppe und dem Schulleiter hängen. Um diese nie

---

dert. Das Schulforum adaptierte von jeder Gruppe eine zusätzliche Person und der zusätzliche Lehrer übernahm die Leitung der Steuergruppe.

endende Arbeit hier zum Abschluss zu bringen, kann vermerkt werden, dass der Ministerialbeauftragte sehr beeindruckt von der geleisteten Arbeit war und zu mir sagte, „Man sieht, Sie machen das nicht zum ersten Mal, das steckt viel Professionalität drin!"

Wie wahr. Als ehemaliger Leiter einer deutschen Auslandsschule war die Evaluation kein Neuland für mich. Im deutschen Auslandsschulwesen war man diesbezüglich Vorreiter für das innerdeutsche Schulsystem.

Hauspostille

Was ich zur besseren und effektiveren Kommunikation mit dem Kollegium neben Konferenzen gerne eingesetzt habe, war die sog. Hauspostille, ein Aushang, der in regelmäßigen Abständen erschien, und an dessen Redaktion sich auch Kolleginnen und Kollegen beteiligen konnten. Hier, als Anschauungsmaterial, ein paar Auszüge aus "Neu & Aktuell", wie die Postille hieß:

"...

Handys an Schulen[23]

„...

Dürfen Lehrer den Schülern das Handy wegnehmen?

Ja, das können sie jetzt schon, wenn es während des Unterrichts eingeschaltet ist. Das Erziehungs- und Unterrichtsge-

---

[23] Quelle: http://www.br-online.de/wissen-bildung/artikel/0603/23-handyverbot/index.xml

setz regelt, dass störende Gegenstände einbehalten werden können. Künftig wird diese Regelung auch auf die Pause ausgeweitet. Wie Harald Niedermair vom Kultusministerium dem Bayerischen Rundfunk sagte, sollen Lehrer die Handys "für eine gewisse Zeit", d. h. ein oder zwei Tage, behalten, bevor sie den Eltern ausgehändigt werden.

Wann darf doch telefoniert werden?

In Ausnahmefällen. Schüler sollen weiterhin die Möglichkeit haben, zu Hause anzurufen, wenn sie erkrankt sind oder sich in einer akuten Gefahrensituation befinden. Allerdings muss der betreffende Schüler vorher seinen Lehrer um Erlaubnis bitten.

Dürfen Lehrer die Handys auf Gewaltvideos durchsuchen?

Nein. "Die Kontrolle der Daten ist eigentlich Aufgabe der Polizei und der Staatsanwaltschaft", erklärte Beate Ehrt vom Justizministerium dem Bayerischen Rundfunk. Allerdings ist die rechtliche Situation nicht ganz eindeutig. In keinem Fall dürften Lehrer das Telefonbuch auf den Handys durchforsten, weil persönliche Daten geschützt sind. Andreas Ruch, Sprecher des Münchner Polizeipräsidiums, sagte, dass selbst die

Polizei das Handy nur mit Einwilligung des Jugendlichen durchsuchen darf. Ohne Einwilligung geht es an die Staatsanwaltschaft mit der Bitte um einen richterlichen Beschluss zur Auswertung.

..."

Knigge für Kollegen/innen

Bitte verlassen Sie das Klassenzimmer bzw. den Gruppenraum, in dem Sie unterrichtet haben, in einem annehmbar ordentlichen Zustand, d. h., dass Sie z. B. die Tafel wischen (lassen) und darauf achten, dass die Klasse nicht vermüllt ist. Falls Sie ein Klassenzimmer in einem unzumutbaren Zustand vorfinden, weisen Sie bitte den dafür verantwortlichen Kollegen bzw. die verantwortliche Kollegin auf das Versäumnis hin – das ist nichts Ehrenrühriges, sondern sollte eine Selbstverständlichkeit sein. Sollten Sie sich dennoch genieren, Kollegen darauf anzusprechen, können Sie auch mich informieren, dann übernehme ich das. Kein Problem.

Ebenso selbstverständlich sollte sein, dass nach Randstunden aufgestuhlt wird, um das Putzen, das ohnehin oftmals im Argen liegt, nicht auch noch dadurch zu verhindern.

Lesetipp: Rhetorik

Matthias Pohl, <u>Vergessen Sie alles über Rhetorik. Mitrei-ßend reden – ein sprachliches Feuerwerk in Bildern</u> (Landsberg am Lech, 2001)

Kernsätze aus dem Inhalt des Buches   163

Die neue Rhetorik

- Jeder Satz, der nicht unterhaltend wirkt, der nicht spannend wirkt, kann ersatzlos gestrichen werden.
- Das Hirn liebt Konkretes. Machen Sie abstrakte Zeit- und Mengenangaben immer konkret.

Faszination auslösen

- Eine Rede, die sich gut liest, ist eine schlechte Rede.

- Vermeiden Sie vage Ausdrücke und sprachliche Weichmacher (Füllsel).
- Die Bildersprache kennt nur einfache, drastisch einfache Sätze.
- Die Bildersprache kennt nur die Gegenwart.
- Die Bildersprache kennt keine Nebensätze, kein ‚und', keine Adverbien.
- Die Bildersprache kennt nur die wörtliche Rede.
- Menschen, nicht technische Hilfsmittel überzeugen (Computer gestützte Präsentationen oft überschätzt).

- Text, der auf Folie steht, darf nicht mehr vorgelesen werden.
- Eine Folie, die sich selbst erklärt, ist eine schlechte Folie.
- Gesprochenes Wort gleichzeitig mit dem Erscheinen der Folie.
- Botschaft auf einer Folie muss in 2 Sekunden zu erfassen sein.
- Jedes Element, das Leseenergie frisst, hat nichts auf der Folie zu suchen.

- Möglichst immer nur ein Bild ohne Text oder einen Text ohne Bild zeigen (andernfalls abdecken).
- Eine Flipchart (Tafel) hat mehr Dynamik als Folien.
- Anaphern erhöhen die Eindringlichkeit der Botschaft.
- Gleichnisse haben höchste Überzeugungskraft („Das ist genauso, als wenn …")

Lehrerinnen und Lehrer = Führungskräfte

L'OStD (Leitender Oberstudiendirektor) Hubert Kepperlinger (Bezirk Mittelfranken) hielt ein sehr interessantes Referat aus dem ich Ihnen ein paar Leitlinien bzw. -gedanken vorstellen möchte:

- vielsagende etymologische Wurzel des Wortes „lehren" → es kommt ursprünglich aus dem Bereich der Jagd und bedeutet „weisen einer Richtung, in die jemand gehen soll" (vgl. mit griechisch Pädagoge = Knabenführer)

- Ähnliches gilt für das Wort „führen", was ursprünglich so viel hieß wie „fahrend machen", „etwas in Bewegung bringen"
- grundlegende Bedeutung von Vorbildern, die von der neuesten Forschung auf dem Gebiet der Persönlichkeits- und Organisationsforschung wieder in den Vordergrund gebracht wird
- „Führung = andere zum Erfolg bringen"
- Jeder Lehrer, jede Lehrerin ist eine Führungskraft und muss sich dessen auch bewusst sein und auch Selbstbewusstsein daraus ziehen.

166

..."

Flashback –
Szenen aus 38 Jahren Schulleben

In diesem Kapitel möchte ich kurze Szenen aus meinem Lehrer- und Schulleiterdasein aufführen, die mir spontan eingefallen sind.

Englischunterricht 11. Klasse

Wir spielen „What have you changed?" zur Einübung des Perfekts. Ein Schüler, eine Schülerin tritt vor die Klasse, zeigt sich, indem er / sie sich um die Körperachse dreht. Dann verlässt er / sie das Klassenzimmer und verändert eine Kleinigkeit an seinem / ihrem Aussehen. Wenn er / sie wieder hereinkommt fragen die anderen z. B. „Have you changed your shoes?" Wer die Veränderung bemerkt oder errät, kommt als Nächster dran.

Ein Schüler meldet sich, präsentiert sich, geht aus dem Klassenzimmer, kommt wieder herein und – hat nur noch die Unterhose an …

Klassenfahrt 10. Jahrgangsstufe nach Hamburg ...

... mit der Bahn, Schüler/innen eines ländlichen Gymnasiums. Wir steigen in Regensburg in den Intercity nach Hamburg um. In der Umsteigepause sieht ein Schüler einen Kiosk am gegenüber liegenden Bahnsteig. Schnurstracks springt er über die Gleise hinüber – Sekunden später rauscht ein Zug auf einem der Gleise durch den Bahnhof.

Es war seine erste Bahnfahrt in seinem Leben und beinahe wäre es auch seine letzte gewesen ...

Klassenreise 11. Klasse nach London ...

... mit dem Flugzeug. Organisiert hatte ich die Reise, noch als Studienreferendar, also in der Ausbildung. Als Begleitung hatte ich einen Studiendirektor, den Sportlehrer der reinen Bubenklasse, der seine Jungs im Sportunterricht oft joggen ließ, während er im Auto (sic!) daneben herfuhr. Ihn interessierte in London eigentlich nur, wo es Golfplätze gab, auf denen er spielen konnte. Das Besichtigungs- und Besuchsprogramm der Klasse überließ er mir und den Schülern.

Als er eines Abends kreidebleich zurück ins Hotel kam, fragten wir ihn, was los sei?

Er: „Ich war indisch essen und ich glaube, man hat mit Rattenfleisch serviert!"

Den Tag danach verbrachte er nicht auf dem Golfplatz, sondern auf dem Klo ...

Kollege Kunsterzieher

Ein Kunsterzieher, ein Kollege an einem Gymnasium, an dem ich mal unterrichtete, war immer auf der Suche nach neuen künstlerischen Ausdrucksmöglichkeiten.

Er trieb das sehr weit: Er schmolz zum Beispiel Schokolade auf einer Tischplatte und nachdem sie wieder fest geworden war, flambierte er die Schokolade. Das Ergebnis war für ihn ein Kunstwerk, mehr noch der ganze Prozess, der das Kunstwerk gebar, sei Kunst, behauptete er.

Dieser Kollege vertrat auch noch einen anderen ganz interessanten Ansatz, dieses Mal nicht im Bereich der Objektkunst, sondern auf dem Gebiet des Zeichnerischen. Mit Bleistift zeichnete er ganz zart und fein sehr kleine Skizzen auf großes weißes Papier. Wenn das Papier an der Wand hing, sah man eigentlich gar nichts. Man musste schon ganz nah mit dem Auge an der Zeichnung sein, um zu erkennen, dass auf das Papier etwas gezeichnet war. „Maximierung des Minimalen" nannte er diese Methode.

Ich habe nicht verfolgt, ob ihn diese berühmt und reich gemacht hat, wohl eher nicht, denn solche verschrobenen Ideen gab und gibt es viele und seit Warhol und Beuys zünden nur noch die wenigsten, wobei ich aber diese beiden Künstler nicht mit dem Prädikat „verschroben" bezeichnen möchte.

Politisch nicht korrekte Bemerkung

Als ich Schulleiter an einer deutschen Schule im Nahen Osten war, hatten wir des Öfteren Schwierigkeiten mit dem Zoll, der offensichtlich einen Staat im Staat darstellte und in den ausländischen Organisationen so eine Art Melkkühe sah.

Eines Tages bekamen wir einen Bescheid, dass wir mehrere hunderttausend Pfund zu bezahlen hätten, weil ein Lehrer der Schule vor rund dreißig Jahren ein Auto, das er mit ins Land gebracht hatte, vor Ort verkauft und keine Zollgebühren entrichtet habe.

Am Abend hatte ich eine Elternversammlung, bei der ich das zur Sprache brachte. Dabei sagte ich, dass mir das Land vorkommt wie ein Hund, der die fütternde Hand beißt. Es gab viel zustimmendes Nicken, aber nach der Versammlung kam auch eine Frau mit einem Kopftuch zu mir und beschimpfte mich: „Wie können Sie es sich erlauben, ein Land mit so einer Kulturgeschichte so zu beleidigen!"

Einer ähnlichen Haltung bin ich in dem Land öfters begegnet. Manche glauben, dass das Land es schon auf Grund seiner Kulturgeschichte, die die Menschheit unzweifelhaft bereichert hat, verdient hat, von anderen Ländern finanziell ausgehalten zu werden.

Wie dem auch sei, der Vorfall hatte kein großes Nachspiel, meine Verwaltungsleiterin hatte noch Kopien aller Ausreisepapiere des inkriminierten Lehrers, sodass wir mit Hilfe der

Botschaft die Attacke des Zolls in diesem Fall zurückweisen konnten.

Später erfuhr ich, dass der Vorfall am Elternabend bis ins Büro des Präsidenten gelangt ist und es Bestrebungen gab, mich auszuweisen, aber ich hatte auch Fürsprecher, die meinten, ich hätte Recht mit meiner Bemerkung.

Referendariat

Das erste halbe Jahr der zweijährigen Ausbildung nach dem ersten Staatsexamen verbringen wir an der Stammschule. Meine Stammschule ist in Schwabing in München. Meine Seminarlehrerin in Englisch heißt Frau Pfleider, mein Name ist Wurzer. Aus einem mir nicht nachvollziehbaren Grund sagt sie immer Herr Grub zu mir, was mir den Spott der Seminarkolleginnen und -kollegen einbrockt. Mehrfach verbessere ich sie, aber sie bleibt beim „Herr Grub", will sich die Endsilbe schenken.

Erst als ich antworte „Geht klar, Frau Pfleid!" und das Seminar in Lachen ausbricht, ist der Bann gebrochen und die Seminarlehrerin spricht meinen Nachnamen komplett aus.

Sie hat mir dann aber doch noch ‚was reingewürgt': Meine Seminararbeit mit dem Titel „Popsongs im Englischunterricht", die, wie ich später erfuhr, ein „Hit" in anderen Englischseminaren Bayerns war, und in die ich wirklich viel Arbeit und Mühe investiert hatte, bewertete sie nur mit „gut". Alle, die sie gelesen hatten – und da waren wirkliche Englischkoryphäen dabei – meinten, das sei eine Unterbewertung.

Elternbeschwerde

Englischunterricht 6. Klasse: Es werden in den Klassenarbeiten oder Schulaufgaben, wie sie in Bayern genannt werden, noch Diktate geschrieben. Umfang des Diktats 80 Wörter. Ein Schüler macht 27 Fehler. Bei einem Fehlersprung von 1,5 Fehlern pro Notenstufe heißt das, dass es ab 7,5 Fehlern die Note 6 gibt. Der Schüler mit den 27 Fehlern bekommt also die Note 6.

Empört kommt der Vater in meine Sprechstunde und erklärt mir, die Note 6 sei absolut unberechtigt, schließlich habe sein Sohn 53 Wörter richtig und nur 27 falsch, er habe also mehr richtig als falsch gemacht und so könne die Arbeit nie und nimmer mit der Note 6 bewertet werden.

Mein Argument, dass sein Sohn eigentlich nur kurze Strukturwörter, wie „is", „and", „am", „I" und „you" richtig habe, ließ er nicht gelten.

Sein Einspruch bei der Fachleitung wurde abgelehnt. Überraschenderweise ist der Vater dann nicht mehr in die nächste Instanz gegangen.

Kaugummi

Unter diesem Stichpunkt erwartet die Leserin bzw. der Leser wahrscheinlich eine eklige Geschichte von eingedorrten Kaugummis unter Schülerbänken und -sitzen.

Ja, davon könnte ich auch erzählen, auch dass Schüler (und Eltern) das Kaugummikauen immer damit zu rechtfertigen versuchten, dass ein Professor in Brasilien herausgefunden habe, dass Kaugummikauen die Intelligenz fördere. Dem bin ich entgegen getreten, indem ich sagte, das sei die Theorie, die Praxis beweist das Gegenteil. Wenn Kaugummikauen schlau machen würde, dann würden die Schüler die Kaugummis nicht unter Bänke und Stühle kleben.

Aber jetzt zu der eigentlichen Kaugummigeschichte.

Auslandsschuldienst, naher Osten. Ein Vater einer Schülerin, der im Ausland, in Dubai arbeitet, lässt sich von meinem Sekretariat einen Termin geben, Dringlichkeitsstufe hoch. Das Gesprächsthema sei zu heikel, als dass er es am Telefon verraten könne.

Hochgespannt erwarte ich sein Kommen am nächsten Tag. Er ist extra wegen dieser Angelegenheit aus Dubai eingeflogen. „Muss was Schlimmes sein", dachte ich bei mir. „Sonderbar, dass der ,Buschfunk' keine diesbezügliche Meldung durchgegeben hat."

Dann der Auftritt des Schülervaters: grauer Anzug, blaue Krawatte, schwarze, ölig glänzende zurückgekämmte Haare, glattrasiert, mittelgroße Erscheinung, ca. 40 Jahre alt, eine süßliche Duftwolke vor sich herschiebend. Präludium: Er lobt die Schule, vorzügliche Arbeit, die da geleistet wird.

Ich werde skeptischer und skeptischer und dann die Wende.

Meinen Busbetrieb habe ich nicht im Griff. Wie er zu diesem Schluss komme? Ein Busfahrer, der mit seiner Frau geredet habe, habe seinen Kaugummi nicht aus dem Mund genommen. So eine Behandlung seiner Frau könne er sich nicht gefallen lassen. Er erwarte von mir, den Busfahrer augenblicklich fristlos zu entlassen.

Selbstverständlich habe ich den Busfahrer nicht entlassen. Stattdessen habe ich dem Schülervater klar zu machen versucht, dass wir versuchen, die Probleme auf der Ebene zu lösen, auf der sie entstanden sind, habe ihn gefragt, ob er schon mit dem Busfahrer geredet habe. Immerhin gab er sich einsichtig und meinte, dass sei eine gute Idee. Mich hätte es aber nicht gewundert, wenn er anders reagiert und seine Tochter von der Schule abgemeldet hätte, denn mit neureichen Eltern habe ich im Laufe meiner Schullaufbahn auch schlechte Erfahrungen gemacht.

Abitur nach acht oder neun Jahren

2004 wurde in Bayern das achtjährige Gymnasium (G8) quasi über Nacht eingeführt und das neunjährige Gymnasium (G9) ad acta gelegt. Der damalige Ministerpräsident hat das ziemlich autokratisch durchgeboxt und damit einen nie endenden Widerstand gegen das G8 ins Leben gerufen. Vor allem die Lehrerverbände, die sich bei der Einführung des G8 übergangen fühlten, sparten nicht mit der Kritik am neuen G8 und diese Kritik ebbte nie ab. Aber auch die Elternschaft blieb skeptisch. So blieb es nicht aus – steter Tropfen höhlt den Stein – dass die aktuelle Staatsregierung wieder zum neunjährigen Gymnasium zurückkehrt. Dabei war das G8 eigentlich die Schule, die sich alle gewünscht hatten: kürzere Ausbildungszeit, weg vom Faktenlernen hin zum exemplarischen Lernen, bessere Allgemeinbildung usw., um nur einige Punkte zu nennen.

Hier Auszüge meiner Abiturrede zur Verabschiedung des ersten G8-Schülerjahrgangs, der nun zum endgültigen Abschied vom G8 an sich geworden ist:

„...

Sehr geehrte Damen und Herren, liebe Abiturientinnen und Abiturienten!

Im Herbst 2004 wurde, wie wir alle wissen, das G8 aus der Taufe gehoben, was ein euphemistischer Ausdruck für, ich möchte mal so sagen, eine Nacht- und Nebelaktion ist. Der

Buchstabe G steht hier für Gymnasium, ein Wort, das sich aus dem Griechischen ableitet und so viel heißen soll wie Ort für geistige und körperliche Ertüchtigung. Die Zahl 8 dafür, dass das Ziel dieser Ertüchtigung im Regelfall nach 8 Jahren erreicht wird.

Wir alle wissen auch, die Geburt des G8 war eine schwere und es ist allenthalben gejammert und geschimpft worden. Ich kann mich noch gut erinnern, wie meine Schulleiterkolleginnen und -kollegen zu mir sagten, dass ich nur froh sein könne, im Ausland zu sein und diese leidigen Querelen nicht mitbekommen müsse.

Ich habe mich gewundert, denn, dass das G9 reformiert werden musste, war, wenn ich mich recht entsinne, eigentlich klar und unumstritten. Die neue Schule sollte keine Paukschule mehr sein, in der Faktenwissen vermittelt wird, mehr um es abzuprüfen und so zu Noten zu kommen, als dass es für das Leben wirklich nützlich wäre. Schon zu meiner Schulzeit wurde mit gespaltener Zunge geredet. Die Lehrer sagten, es sei nicht so wichtig, Fakten zu lernen, weil die im modernen Zeitalter eine sehr kurze Haltbarkeitsdauer hätten. Viel wichtiger sei es zu wissen, wo man benötigtes Wissen herbekomme, wo man es zum Beispiel nachschlagen könne - Google war damals noch kein Begriff. Es gab also schon vor 30 bis 40 Jahren eine Ahnung, dass der Erwerb von Kompetenzen der Schlüssel für gute Bildung ist.

In der Realität aber mussten wir Schüler lernen: Fakten, Fakten, Fakten. Wenn mein Bild der gegenwärtigen Schullandschaft nicht völlig getrübt ist, hat sich bislang im G8 die Situation nicht grundlegend verändert, wenn überhaupt, dann nur graduell.

Auch die Schulzeit sollte verkürzt werden, denn die deutschen Hochschulanfänger waren international die ältesten und, wenn man ehrlich ist, in der 13. Jahrgangsstufe gab es schon eine Menge Leerlauf und die Schüler hatten sehr viele Freistunden, wenn sie es mit der Belegung von Kursen locker hielten und die allermeisten nahmen es locker. Nun, die Verkürzung der Schulzeit ist wohl gelungen, sonst würden wir heute nicht bei dieser Feier zusammen sein.

Ich habe mich über die fast kategorische Ablehnung des G8 oft gewundert, weil es an den deutschen Auslandsschulen die Regel war und ist, das deutsche Abitur nach 8 Jahren abzulegen.

Allerdings gibt es einen wesentlichen Unterschied: Diese Schulen sind Ganztagsschulen, an denen 7 oder 8 Stunden Kernun-

terricht pro Tag gehalten werden. Wenn man von 8 Stunden ausgeht, so wie ich es von der Deutschen Schule in Ägypten her kenne, dann kommt man auf 40 Unterrichtsstunden pro Woche - und das 8 Jahre lang, was 320 Jahreswochenstunden ergibt, Untergrenze.

Mit Wahlfach-, Förder- und Zusatzangeboten erreicht ein Schüler an einer deutschen Auslandsschule rund 340 JWS.

Minimum an Jahreswochenstunden, damit die Kultusminister-konferenz, die auch das Auslandsschulwesen überwacht, an-erkennt: 265.

Zum Vergleich dazu das bayerische G8:

Jahreswochenstunden des aktuellen G8: 260. Ja, die Kultusmi-nisterkonferenz hat angedroht, das bayerische G8-Abitur nicht anzuerkennen - ein Witz, wenn man bedenkt, welch krasse Unterschiede in der Qualität der Abiture der einzelnen Bun-desländer es gibt.

Wie kommt es, dass das bayerische Qualitätsabitur nun doch auch in Bremen und Nordrhein-Westfalen anerkannt wird? Es werden Intensivierungs- und Wahlfachstunden, Arbeitsge-meinschaften und dergleichen mehr mitgezählt.

Dass die Differenz zu den vorher erwähnten 340 Jahreswo-chenstunden auch ein Qualitätsmerkmal darstellt, denke ich, versteht sich von selbst. 340 Jahreswochenstunden sind aber nur an einer Ganztagsschule zu erreichen. Diesen Schritt zu tun, hat der Ex-Landesvater Stoiber, der Initiator der Schulreform, versäumt - so viel Geld für eine Schulreform wollte er doch wohl nicht ausgeben. Sein Plan war es ja, durch die Verkürzung der Schulzeit Geld einzusparen.

Ich halte es da mit unserem Landrat Dr. Walter, der zu sagen pflegt: Gute Bildung kostet viel Geld, eine schlechte oder gar keine kosten viel viel mehr Geld.

Gejammert über das G8 wurde auch an unserer Schule, von Eltern, Schülern und Lehrern. Mit einem gewissen Grauen denke ich noch an einen Elternabend der 10. Klassen vor zwei Jahren zurück, an dem versucht wurde, den Informationsabend zum Tribunal gegen das G8 umzufunktionieren.

Ich habe, seit ich hier an der Schule bin, vermieden, in den Chor des Jammerns und Schimpfen einzustimmen, denn ich weiß, dass die Jammerei nichts bringt, sondern dass es das hilfreicher ist, das Beste aus der jeweiligen Situation zu machen und ich habe gesehen, dass das G8 nicht so schlecht ist, wie es vielfach gemacht worden ist. Zum Beispiel in etlichen mündlichen Prüfungen, die ich mir angesehen habe.

Auch ich gebe zu, dass das G8 derzeit eher ein Schrumpf-G9 ist als die neue Schule, die es werden sollte. Dazu wird es noch Anstrengungen im Bereich der Lehrerausbildung und auch der Schulstruktur brauchen.

Aber: Die Abiturprüfungen haben gezeigt, dass unsere G8-Schüler sich nicht verstecken brauchen. Das beweist etwa der souveräne Auftritt unseres Abiturienten Thomas Margut, der dem Fernsehen erlaubt hat, ihn während seines letzten Schuljahrs zu begleiten. Das beweisen Rückmeldungen aus Firmen und Institutionen, in denen unsere Schüler zu Besuch waren oder Praktika ableisteten. Das beweisen die erfolgreichen Abiturprüfungen.

Ich habe mir etliche mündliche Prüfungen angeschaut und kann sagen, ich bin von der Qualität beeindruckt. Ich darf mir dieses Urteil erlauben, denn diese Schule ist nicht die erste Schule, die ich kennen gelernt habe.

Kurzum, liebe Abiturienten und Abiturientinnen, ich gratuliere Ihnen, Ihren Lehrern und Lehrerinnen, aber auch Ihren Eltern zur bestandenen Prüfung und freue mich schon darauf, von den Hochschulen, Firmen oder bei wem immer Sie landen werden, bestätigt zu bekommen: Ja, die Schülerinnen und Schüler unserer Schule haben was ‚drauf'!

Abiturscherz

Irgendwann hat es sich eingebürgert, dass Abiturienten in der Zeit zwischen dem Ende der Abiturprüfungen und der Abiturfeier einen Tag an der Schule mehr oder minder das Zepter übernehmen. An diesem Tag fällt der Unterricht aus und die Abiturienten überlegen sich ein Programm, um die Schulgemeinschaft zu bespaßen.

Was am Anfang meist lustig war, nämlich dass Lehrer auf die Schippe genommen und lustige Spielchen präsentiert und mit Lehrern und Schülern gespielt wurden, ist immer mehr zum Ärgernis, vor allem der Lehrer geworden. Häufig artete der Abiturscherz in Wasserpistolenschlachten aus, wobei es dann zu Knochenbrüchen kam, da die Böden der Schule glitschig wurden und schwere Stürze provozierten. Das Reservoir an Ideen für den Abiturscherz schien nicht sehr groß zu sein, die Spielchen wurden auch für die Schülerschaft immer weniger interessant und so leerte sich die Schule oft schon nach kurzer Zeit und es waren dann nur noch die Lehrer und ein paar Abiturienten vor Ort, während der Großteil der Schüler entweder nach Hause fuhr oder sich in der Stadt herumtrieb.

Manchmal kam es auch zum Eklat, wenn etwa tonnenweise Unrat vor die Schulen gekippt wurde, Transparente aufgehängt, mit denen Lehrkräfte übelst verunglimpft wurden oder durch die Wasser- und andere Schlachten nicht unerhebliche Schäden am Schulgebäude entstanden.

So kam es mir in Balstadt sehr entgegen, dass nach einer Feier der Abiturienten in spe, bei man die Abgabe der sog. Facharbeit feierte und kräftig dem Alkohol zusprach, sich einige arg danebenbenahmen und nackt durch das Schulgebäude rannten.

Ich machte einen „Deal" mit den Abiturientinnen und Abiturienten, indem ich meine Bereitschaft signalisierte, auf eine harte Bestrafung zu verzichten, wenn die Abiturienten bereit wären, auf den bei den Lehrern so unbeliebten Abiturscherz zu verzichten - so unbeliebt, dass man ihn schon Abiturschmerz nannte.

Und sie waren bereit.

Und sie waren am Ende sogar froh, keinen Abischerz machen zu müssen, denn, so der Tenor, das wird von den Abiturienten inzwischen einfach erwartet, ist aber sehr aufwändig und dieser vor allem zeitliche Aufwand kollidierte mit der Vorbereitung auf mündliche Prüfungen.

Die Vorteile, keinen Abiturscherz organisieren zu müssen, sprachen sich bei den Schülern herum, sodass auch die nächsten Abiturjahrgänge, die ich an der Schule begleitete, auf die Durchführung des Abitursch(m)erzes verzichteten ...

Aprilscherz

Der Winter 2010/11 meinte es gut mit den Schülern. Mehrere Male waren in den morgendlichen Stunden des Dezembers und Januars die Straßen eisglatt, sodass die Schulbusse nicht fahren konnten und der reguläre Schulbetrieb eingestellt werden musste.

Das betraf vor allem die Schulen auf dem Land, wo die Schüler*innen mit den Bussen bzw. Privat-PKWs zur Schule gebracht werden. Die Großstadtschüler, die den ‚normalen' öffentlichen Personennahverkehr benutzen, wie es so schön sperrig heißt, waren davon meist nicht betroffen. Über den Unterrichtsausfall entscheidet ein Gremium, dem Vertreter der Kreisverwaltung und der Schulen angehören. Dieses Gremium informiert die Öffentlichkeit, d. h. Rundfunk und Presse, sodass die Meldung über den Unterrichtsausfall in den Nachrichten der Rundfunkanstalten und auf den Webseiten der Zeitungen umgehend verbreitet wird. Die Schulleiter werden per Email informiert und sie stellen die Nachricht auf die Homepage der Schule bzw. auch in die sog. Social Media, wie etwa Facebook. So bekommen die meisten Eltern und Schüler mit, dass der Unterricht ausfällt.

Für die Lehrkräfte und Schulleiter gilt das Schulfrei nicht. Auch wenn kein Unterricht stattfindet, haben sie sich, wenn irgend möglich, am Arbeitsplatz einzufinden, wo weitere Instruktionen je nach Lage der Dinge gegeben werden.

So liefern nicht wenige Eltern ihre Kinder trotz Unterrichtsausfall an der Schule ab, weil sie selbst in die Arbeit müssen und sich nicht während der Schulzeit um ihre Kinder kümmern können. Diese müssen dann an der Schule zumindest bis zum „regulären" Unterrichtsende beaufsichtigt werden. Aber Unterricht findet nicht statt.

An diese ausgefallenen Schultage dachte ich am 1. April 2011 und dann kam mir die Idee, wie ich „meine Schule" mit einem Aprilscherz hereinlegen könnte. Kurz vor Beginn der Vormittagspause meldete ich mich über die Schullautsprecher mit einer „Eildurchsage". Ich selbst mache für gewöhnlich keine Durchsagen, so dass es als etwas Besonderes empfunden wird, wenn sich der Schulleiter höchstpersönlich einmal zu Wort meldet:

„Liebe Kolleginnen und Kollegen, liebe Schülerinnen und Schüler,

wie ihr Euch sicher noch erinnern könnt, ist im Dezember zwei Tage der Unterricht witterungsbedingt ausgefallen. Gerade eben habe ich ein Email aus dem Ministerium erhalten, dass diese Tage in den kommenden Osterferien, nämlich am 18. Und 19. April, nachgeholt werden müssen. Die Osterferien werden dieses Jahr also zwei Tage kürzer ausfallen. Das Ministerium bittet um Verständnis."

Totenstille - so ruhig habe ich die Schule bislang noch nicht erlebt ... dann ein kollektiver Aufschrei, der das Schulgebäude beben lässt, dann der Pausengong.

Der Gong ist noch kaum verklungen, da klopft es an meiner Tür und ein Vertreter des Personalrats stürmt mit entsetzter Miene in mein Büro: „Herr Direktor, so ein Einschnitt in das Schulleben muss doch mit den Personalräten, Eltern usw. besprochen werden!"

Ich zeige mit meinem Finger auf das Kalenderblatt und dann fällt der Groschen. Ich glaube, der Personalrat hätte mich vor Erleichterung am liebsten umarmt. Seine finstere Miene

wandelte sich zu einem breiten Grinsen. „Des war a Guada!",
sagte er schmunzelnd, als er mein Büro wieder verließ. „Des
war a Guada!", also das war ein guter Streich, hörte ich noch
oft an diesem Tag, vor allem von Schülerseite, denn den Schüler*innen gefiel es, dass ihr Direktor auch einen gewissen
Spaßfaktor in die Schule brachte und nicht alles bierernst
nahm.

Schule und Digitalisierung

Das ist ein trauriges Kapitel! Warum? Aus etlichen Gründen, die ich hier knapp und klar aus meiner Sicht darlegen möchte. Die Beherrschung digitaler Informations- und Wissensorganisation ist heutzutage genauso wichtig, wenn nicht sogar noch wichtiger als die traditionellen Kulturtechniken Lesen, Schreiben und Rechnen. Dennoch gibt es immer wieder Lehrkräfte, die sagen „Lieber kaufe ich mir eine elektrische Eisenbahn, als dass ich mir einen Laptop zulege!" Diese Verweigerungshaltung ist inzwischen aber die Ausnahme. Was effektive Fortschritte auf dem Weg zur digitalen Schule und zum papierlosen Büro behindert, ist die mangelnde Professionalität der Kultusbürokratien. Jede Schule bräuchte eigentlich mindestens einen Profi-EDVler, der die Systembetreuung übernimmt und auch Lehrkräfte regelmäßig schulen und fortbilden kann. Stattdessen übernehmen diese Aufgabe in der Regel Lehrkräfte, die für diese Aufgaben nur eingeschränkt tauglich sind. Obendrein müssen diese Lehrer und Lehrerinnen auch noch unterrichten, sie bekommen für die sog. Systembetreuung nur Entlastungsstunden.

Wie rückständig Deutschland insgesamt auf diesem Gebiet ist, hat die Corona-Epidemie mit dem Zwang zum „Home-Schooling" gezeigt. Ich persönlich habe diese Rückständigkeit bezüglich der Digitalisierung und des Internets schon in den letzten Jahren des vergangenen Jahrhunderts erlebt, als ich an der Deutschen Schule in Oslo war. In Norwegen gab es damals schon schnelles Internet über das Kabel und das Stromnetz. Als ich nach Deutschland zurückkam, musste ich mich erst wieder an ISDN gewöhnen und auch die Tatsache, dass E-Mails hier vielen noch fremd waren.

Ich denke, auf diesem Sektor verspielt Deutschland die Zukunft, weil immer noch viele denken, dass die Kinder erst Lesen, Schreiben und Rechnen an den althergebrachten Kreidetafeln lernen sollen, bevor sie mit dem PC Bekanntschaft machen. Dass man die grundlegenden Kulturtechniken auch mit, an und durch moderne digitale Medien erwerben kann und damit auch den Umgang mit ihnen lernt, scheint nicht überall eine erwähnenswerte Überlegung zu sein.

Das eigentliche Problem ist, dass vielerorts die schulische Infrastruktur und nicht nur die schulische kaputtgespart worden ist und es jetzt auf einmal so viele Baustellen neben den Digitalisierungsdefiziten gibt, dass man gar nicht mehr weiß, wo man anfangen soll, die Versäumnisse nachzuholen. Es fehlt – wie eigentlich immer schon – an Geld und Personal.

192

Nachwort

Eine Frage, die beim Leser während der Lektüre vielleicht oder sogar wahrscheinlich aufgetaucht ist, ist die: „Warum wird er Schulleiter, wenn das eine so schwierige und manchmal undankbare Aufgabe ist?"

Die Antwort darauf weiß ich ehrlich gesagt nicht genau, aber beim Nachdenken sind mir folgende Begründungen eingefallen:

- Man weiß vorher nicht, wie es ist, Schulleiter zu sein. Das erfährt man erst so richtig, wenn man es selbst ist. Und, man wächst mit den Aufgaben, die einem gestellt werden oder die man manchmal auch sich selbst stellt.

- Meine Negativerlebnisse mit Fachleitern bewogen mich dazu, in der Hierarchie aufzusteigen, ich wollte mehr eigenbestimmt sein.

- Ich hatte positive Vorbilder als Schulleiter/in: zum Beispiel die schon im Vorwort erwähnte Freundin, die die Auslandsschule im Norden Europas leitete. Sie machte das souverän und an ihr sah ich auch, dass man als Schulleiter/in viele Gestaltungsmöglichkeiten hat, dass man eigene Ideen Wirklichkeit werden lassen kann.

- Dann sagte mir einmal eine von der Kultusminister-konferenz entsandte Beauftragte aus Rheinland-Pfalz bei einem Schulbesuch, dass ich aus ihrer Sicht einen guten Schulleiter abgäbe. Dabei bezog sie sich vor allem auf meine ziemlich perfekte Organisation der Abschlussprüfungen an der Schule.

- Nicht zuletzt kam ich von einer Schule, aus der eine ganze Reihe von Schulleitern hervorgegangen ist, einer sog. Direktorenschmiede.

Zu guter Letzt kann ich sagen, dass ich es nicht bereute, Schulleiter geworden zu sein. Es stimmt, man ist als Direktor in erster Linie Problemlöser, man bekommt viele unschöne Dinge auf den Schreibtisch, aber die guten Seiten überwiegen am Ende doch:

- Man sieht, wie aus den Schülerinnen und Schülern ‚etwas wird', wie sie zu Erwachsenen werden und viele bleiben der Schule und einem selbst persönlich verbunden. Man ist also nicht im Marx'schen Sinne von seiner Arbeit entfremdet. Das Arbeiten und Zusammensein mit Jugendlichen hat mich selbst jung erhalten. Ich hätte auch Arzt werden können oder Jurist, wie mir mein damaliger Direktor, Dr. Hauser, bei der Übergabe des Abiturzeugnisses geraten hatte.

- Mit vielen Kolleginnen und Kollegen hatte ich auch als Chef freundschaftliche Verbindungen, die für mich persönlich sehr wichtig waren. Nicht wenige dieser Kontakte bestehen heute noch.

- Die Zusammenarbeit mit den Elternbeiräten war für mich eine Bereicherung fürs Leben. Noch heute pflege ich Kontakt zu den Elternbeiratsvorsitzenden der Schule im Nahen Osten, die ich leitete, und ‚meiner' letzten Schule in Balstadt.

Es sollte vielleicht auch erwähnt werden, dass auch in meinen kurz gehaltenen Aufzeichnungen die journalistische Devise gilt „Only bad news is good news", womit ich andeuten will, dass es aus meiner Sicht uninteressant ist, nur das zu lesen, was gut abgelaufen ist, viel interessanter sind Dinge, die außerhalb der Norm geschehen ...

Gedanke zum Schluss

Es wurde schon viel gedichtet,

dann wieder vernichtet,

weil der Autor dachte,

es sei Mist, was er machte.

P.S.

Ich hoffe, liebe Leser*innen, dass Ihnen, das, was ich geschrieben habe, gefallen hat, dass es kein „Mist" war und
bestehen bleiben kann.